Gerhard Adler

Die Engel des Lichts

> Da hatte er einen Traum: Er sah eine Treppe, die auf der Erde stand und bis zum Himmel reichte. Auf ihr stiegen Engel Gottes auf und nieder. Und siehe, der Herr stand oben und sprach: Ich bin der Herr, der Gott deines Vaters Abraham und der Gott Isaaks.
>
> *Jakobs Traum, Genesis 28, 12f.*

> Die Engel sind Geist und Leben aus Gott;
> das Antlitz der Menschen spiegelt
> sich in ihrem Gesicht wie klares Wasser.
> *Hildegard von Bingen*

Ein Engel warnt die Heiligen Drei Könige im Traum vor Herodes und zeigt ihnen einen anderen Heimweg.

GERHARD ADLER

Die Engel des Lichts

Von den Erstlingen der Schöpfung

CHRISTIANA-VERLAG
STEIN AM RHEIN

ERNST SEHRINGER
gewidmet

Der Autor: Gerhard Adler, geb. 1941, Anglistik- und Geschichtsstudium, als Publizist vorwiegend an Fragen der Weltanschauung und des Menschenbildes interessiert, Leiter der Abteilung Literatur im Radioprogramm des Südwestfunks Baden-Baden. Von seinen Veröffentlichungen seien erwähnt: Revolutionäres Lateinamerika, 1970; Die Jesus-Bewegung. Aufbruch der enttäuschten Jugend, 1972; Es gibt Dinge zwischen Himmel und Erde... Parapsychologie, Okkultismus und Religion, 1974 und 1976; Wiedergeboren nach dem Tode? Die Idee der Reinkarnation 1977, 1980 und 1986; Erinnerung an die Engel. Wiederentdeckte Erfahrungen, 1986; als Herausgeber: Tausend Jahre Heiliges Russland. Orthodoxie im Sozialismus, 1987 und 1988; Komm, Trost der Nacht. Ein Bervier, 1989; Von der kommenden Welt. Jenseitsbilder, Stein am Rhein 1994.

Bildteil:
Arnold Guillet

Titelbild:
«Engel der Großstadt» von Inge Brück
Öl auf Leinen-Karton, 24 x 30 cm
Künstler für Christus
Auf'm Heiligenhäuschen 14, D-51570 Windeck

Bildlgegenden und Photonachweise:
Seite 157f

2. Auflage 1997: 11.–15. Tausend
© CHRISTIANA-VERLAG
CH-8260 STEIN AM RHEIN/SCHWEIZ
Alle Rechte, auch das der Übersetzung, vorbehalten.
Druck: Schmid-Fehr AG CH-9403 Goldach/St.Gallen
Printed in Switzerland

Die Deutsche Bibliothek – CIP-Einheitsaufnahme

Adler, Gerhard:
Die Engel des Lichts: von den Erstlingen der Schöpfung/
Gerhard Adler. – 2. Aufl. – Stein am Rhein:
Christiana-Verl., 1997

ISBN 3-7171-0967-7

Inhalt

Anhang

Schon streckte Abraham seine Hand aus und nahm das Messer, um seinen Sohn zu schlachten. Da rief ihm der Engel des Herrn vom Himmel her zu: Abraham, Abraham! Er antwortete: Hier bin ich. Jener sprach: Streck deine Hand nicht gegen den Knaben aus, und tu ihm nichts zuleide! Denn jetzt weiss ich, dass du Gott fürchtest; du hast mir deinen einzigen Sohn nicht vorenthalten (Gen 22,10–13).

VORWORT

Auf den ersten und vielleicht auch auf den zweiten Blick mag die Beschäftigung mit Engeln als eine Absonderlichkeit erscheinen. Ein Thema, das als ideengeschichtliche Untersuchung dem Theologen, als kunsthistorischer Ausflug dem Enzyklopädisten noch zugestanden wird, stößt spontan auf Unverständnis und Kopfschütteln, wenn es in Verbindung mit unserem gegenwärtigen Lebensgefühl gebracht, wenn eine existentielle Bedeutung von geistigen Wirklichkeiten behauptet wird; ihnen gegenüber scheint der Zeitgeist verschlossen zu sein.

Versucht man jedoch, dem nachzuspüren, was sich derzeit im weltanschaulichen Gärungsprozeß tut, so kommt man aus dem Staunen nicht mehr heraus. Die Rockszene beruft sich auf die Geisterwelt wie es auch bildende Künstler und Dichter immer getan haben. Im New Age und im expandierenden Spiritismus ist die Berufung auf «Engel» und der angebliche Kontakt mit ihnen wieder ganz selbstverständlich geworden. Ja selbst in den Kirchen, deren Theologen der Angelologie derzeit keine große Aufmerksamkeit widmen, entstehen Sondergruppen, die als spirituelle Spezialität ein besonderes, manchmal sektenhaftes Augenmerk auf die himmlischen Heerscharen richten.

Wir haben es mit einer spannenden Gegenläufigkeit zu tun: Dort, wo man die Rede vom Engel, die Beschäftigung mit ihm eigentlich erwarten könnte, nämlich in den Kirchen, ist derzeit eher eine Fehlanzeige zu vermelden; durch die Hintertür des New Age jedoch, in künstlerischen Gestaltungen und in religiösen Subkulturen hält der verdrängte Archetyp wieder Einzug in unser Lebensgefühl.

Besonders verwirrend ist, daß sich diese so unterschiedlichen Strömungen natürlich nicht von außen auf einen Begriff, eine Definition vom «Engel» festlegen lassen, daß sie vielmehr frei darüber verfügen und damit verbinden, was sich jeweils anbietet: die «Engel» des Spiritismus sind wohl nicht dieselben wie die «Engel» im Opus Angelorum, ganz zu schweigen von den radikal verschiedenen Welt-,

Menschen- und Gottesbildern, in die sie jeweils eingebettet sind. Interessanterweise tauchen ideengeschichtliche Bezüge auf, die man allenfalls noch von Spezialisten sich deuten lassen kann. Wo immer die Quellen neuerer Engellehren liegen mögen, ob sie nun auf normalem oder paranormalem Wege in das Bewußtsein der Verkünder gelangt sind, in aller Regel ist auch hier nichts Neues unter der Sonne zu entdecken. Die Linie mag von der Anthroposophie zu Dionysios Areopagita, Proklos und Plotin zurückführen oder über die Theosophie zum hellenistischen Judentum – alle diese Sonderlehren haben ihren geistesgeschichtlichen Ort, wenn sie auch in ihren Mischungen und Verbindungen manche Rätsel aufgeben.

Mischung und Verbindung wird auch in dieser Schrift angestrebt, nämlich zwischen Geschichte und Aktualität. Es soll einerseits deutlich werden, daß der Ausgangspunkt eben im Hier und Jetzt genommen wird, im weltanschaulichen Chaos der Gegenwart, beim Lebensgefühl des Zeitgenossen. Doch wird dann auch immer wieder eine Dimension des langen Atems einzufügen sein, der ideengeschichtliche Längsschnitt – nicht aber aus Bildungseifer und Vollständigkeitsstreben, sondern weil die Geschichtlichkeit der Engelidee bewußt gemacht werden muß. Die Nachwirkungen historischer Engellehren bzw. die Rückgriffe auf traditionsreiche Gestaltungen vermengen sich in den einzelnen Weltanschauungen fast untrennbar mit Bedürfnissen der Gegenwart. Deshalb werden unser heutiger Zugang zur Wirklichkeit geistiger Welten und das dahinterliegende Bedürfnis so ernst genommen wie die sanktionierten Angelologien berühmter Autoren. Geschichte und Gegenwart der Engelidee sollen auf diese Weise verständlicher werden.

Ein Gang zwischen purer Aufklärung, die im Engel nur noch ein mythisches Relikt zu erkennen vermag, und dem sich unkontrollierten Hingeben an Mutmaßungen, innere Stimmen und angebliche Botschaften aus der Überwelt, dieser Versuch, das Kind weder mit dem Bade auszuschütten noch den Entwicklungsgang des neuzeitlichen Denkens außer acht zu lassen, mag als unentschieden mißverstanden werden. Der Leser ist eingeladen, sich versuchsweise darauf einzulassen, wenn nun in überschaubarem

Umfang versucht wird darzustellen, in welch uferloser Weise vom «Engel» geredet wird, welche Erfahrungen von Engeln in Vergangenheit und im Heute bekundet werden, schließlich was die Rede und die Erfahrung denn jetzt für eine Bedeutung haben können.

Sonderlehren zu verbreiten ist mit diesem Büchlein nicht beabsichtigt. Es soll jedoch daran erinnert werden, welch reiche Fülle an Engelbezügen die christliche Tradition kennt, und gleichzeitig soll deutlich werden, wie eng sie darin mit anderen Religionen verbunden ist.

ANNÄHERUNG

Wo ist denn heute noch vom Engel die Rede? Wer genau hinhört, stößt auf vielfältige Bezugnahmen. Da sie nicht eindeutig sind, bedürfen sie einer Klärung. Beginnen wir dort, wo im hohen Ton von den himmlischen Heerscharen gesprochen wird.

Die Liturgien der christlichen Kirchen berufen sich auf die Engel. Um von vorneherein zu vermeiden, daß die in diesem Punkte unterschiedlichen Traditionen von Katholiken und Evangelischen gegeneinander ausgespielt werden, bemühen wir als erstes Beispiel den Gottesdienst der Ostkirchen. Bei der Übertragung der Opfergaben zum Altar, in der Göttlichen Liturgie der «Große Einzug» genannt, singt der Chor das in ungezählten Fassungen vertonte Cherubikón, den Cherubimhymnus. Zur Verdeutlichung sei noch vorausgeschickt, daß im Selbstverständnis der Ostkirche der Chor die Gemeinde repräsentiert und daß sich im Gottesdienst die irdische Gemeinde mit den Engelscharen beim Lobpreis Gottes vereinigt.

Der Text des Cherubikón, das in den östlichen Riten am häufigsten verwendet wird, lautet: «Nun stellen wir die Cherubim in mystischem Geheimnis dar und singen der lebenspendenden Dreifaltigkeit den Lobpreis des Dreimal-Heilig; all irdisch Sinnen und Trachten laßt uns darum vergessen. – Denn den König des Alls wollen wir empfangen, den die Engelscharen unsichtbar geleiten. Alleluja.»

Diese liturgische Bezugnahme auf die Engel konfrontieren wir nun einem berühmten poetischen Text, einem kurzen Ausschnitt aus Rilkes Duineser Elegien. Wir bleiben dabei zwar im «hohen Ton», doch ist Rilkes Anruf der himmlischen Mächte ein anderer als der des Gottesdienstes.

«Wer, wenn ich schriee, hörte mich denn aus der Engel
Ordnungen? und gesetzt selbst, es nähme
einer mich plötzlich ans Herz: ich verginge von seinem
stärkeren Dasein. Denn das Schöne ist nichts
als des Schrecklichen Anfang, den wir noch grade ertragen,
und wir bewundern es so, weil es gelassen verschmäht,

uns zu zerstören. Ein jeder Engel ist schrecklich. [...]
Jeder Engel ist schrecklich. Und dennoch, weh mir,
    ansing ich euch, fast tödliche Vögel der Seele,
wissend um euch. Wohin sind die Tage Tobiae,
da der Strahlendsten einer stand an der einfachen Haustür,
zur Reise ein wenig verkleidet und schon nicht mehr
    furchtbar;
(Jüngling dem Jüngling, wie er neugierig hinaussah).
Träte der Erzengel jetzt, der gefährliche, hinter den
    Sternen
eines Schrittes nur nieder und herwärts: hochauf-
    schlagend erschlüg uns das eigene Herz. Wer seid ihr?
Frühe Geglückte, ihr Verwöhnten der Schöpfung,
Höhenzüge, morgenrötliche Grate
aller Erschaffung, – Pollen der blühenden Gottheit,
Gelenke des Lichtes, Gänge, Treppen, Throne,
Räume aus Wesen, Schilde aus Wonne, Tumulte
stürmisch entzückten Gefühls und plötzlich, einzeln,
Spiegel: die die entströmte eigene Schönheit
wiederschöpfen zurück in das eigene Antlitz.»[1]

Der Poesie, dem Gottesdienst ist es nicht verwehrt, die
Mächte und Gewalten zu preisen. In den Liturgien des
Ostens wie des Westens sind Anrufungen der himmlischen
Heerscharen selbstverständlich. Den Dichtern dienen die
Engel als geläufiges Motiv. Ob Priester und Poeten wohl
die gleichen Wesenheiten meinen, ist die eine Frage, und
ob die Engel dabei noch ernstgenommen werden, eine
nicht minder wichtige zweite. Rilke bezieht sich in den
Duineser Elegien zwar auf das Alte Testament, auf den
Erzengel Rafael, der dem jungen Tobias zum Begleiter
und Schützer wird. Aber derselbe Rilke weist theologische
Deutungen seiner Lyrik von sich und möchte, statt aufs
Christentum, sich lieber auf den Islam berufen.
Wer außerhalb von Liturgie oder hoher Dichtung die
Engel zu seinem Thema macht, muß sich an das nervöse
Lächeln gewöhnen, mit dem die Zeitgenossen eine so
absonderliche Beschäftigung quittieren. Und an den Psy-
chiater verwiesen sieht sich schließlich, wer eine persönli-
che Erfahrung mit den unirdischen Wesenheiten bekundet.

Deshalb vorweg zur Ermunterung zwei Bemerkungen, eine ideengeschichtliche und eine zur aktuellen Lage.

Von Aristoteles bis zum jungen Kant haben es die größten Geister der Menschheit nicht versäumt, sich ihre klugen Köpfe auch über die Geistwesen zu zerbrechen: das Nachdenken über die Engel war bis zur Aufklärung stets ein Kapitel der Philosophie, ein Thema, das erst in unserer Spätzeit auf komplettes Unverständnis zu stoßen scheint. Aristoteles jedenfalls, auf den sich Thomas von Aquin ausdrücklich beruft, war den geistigen Wesenheiten gegenüber aufgeschlossener als es der Geist der Gegenwart ist.

Und die zweite Bemerkung: Während sogar theologisches Bemühen dahin gerät, mit der Beseitigung von weltbildgebundenen Relikten aus der Antike nicht nur den Himmel zu entvölkern, sondern uns selbst einem immer endloser empfundenen, total entleerten Kosmos zu überantworten, nehmen sich *science fiction* und Ufologie des Archetyps an. Geister und Engel haben vor dem theologischen Zeitgeist einen schweren Stand, doch über die unruhige, ja aufgewühlte Szene der religiösen Subkultur halten sie wieder Einzug in unser Gemüt. Solche Entwicklungen sind aufregend.

Es ist so lange nicht her, da waren die Engel noch unbefragt selbstverständlicher Bestandteil in der Vorstellungswelt eines jeden religiösen Menschen. Man kann nicht behaupten, daß den Engeln heute auch nur theologisches Interesse gelte. Was über Jahrtausende als heilbringende Schutzmacht empfunden wurde, scheint sich nun in metaphorische Redeweise zu verflüchtigen. Die Engel sind gehalten, sich gegenüber allen Vorbehalten der Aufklärung zu rechtfertigen. Für ein metaphysikfremdes und areligiöses Weltverständnis sind die himmlischen Mächte noch viel weniger ein Thema als es die Existenz Gottes oder die Unsterblichkeit der Seele ist. Nebenbei ein bemerkenswertes Zeichen der Zeit: nicht in einem kirchlichen Verlag erscheint die Engellehre des Thomas von Aquin, sie wird von Anthroposophen herausgegeben.

Was uns, unbefangen betrachtet, so unzeitgemäß vorkommen muß, erweist sich bei genauerem Hinsehen als überraschend lebendig und aktuell. Wir erleben eine eigenartige Allgegenwart der Engel, sozusagen die himmlischen Heerscharen des Neuen Zeitalters, die Mächte und Gewalten des Feuilletons, der Unterhaltungsmusik und der Videowelt. Selbst die aufgeklärtesten theologischen Publizisten staunten über die Wirkmächtigkeit des Engel-Archetyps, als sich Wim Wenders in dem Film «Himmel über Berlin» seiner bediente. Und wer die ominösen «Satanischen Verse» von Salman Rushdie zur Hand nimmt, wird gleich einleitend an die jüdisch-christliche Mythologie erinnert.

Vielleicht ist jetzt die Neugierde geweckt und die Bereitschaft entstanden, sich auf einen Husarenritt durch die Ideengeschichte in Sachen Engel einzulassen. Unsere Ausflüge in die Welt der Engel und der «Engel» mit Anführungszeichen führen in disparate Bereiche. Der unerwartetste dürfte die Banalität sein. Aber auch der Banalität wollen wir nicht ausweichen. Nach byzantinischem Kirchengesang, nach Rainer Maria Rilke lassen wir uns jetzt auf einen ganz anderen Ton ein. Der noch undefinierte Engel treibt nämlich auch in der «Szene» sein archetypisches Unwesen. Ist es nicht überraschend, daß ein Schallplattenverzeichnis zum Thema «Engel» Hunderte von Schlagertiteln auswirft? Schaut man sich ein Lexikon der Filmkunst an, so ist die Liste vom «Blauen Engel» bis zu «Drei Engel für Charlie» ebenfalls umfangreich. Es bleibt bemerkenswert, daß sich Unterhaltungsmedien und Subkultur erstaunlich häufig auf die mythische Wahrheit von Engelsturz und Sündenfall beziehen. Kein Geheimnis ist es, daß die Popmusik auch Dämonenkult und Teufelsverehrung kennt. Ist dem säkularisierten Zeitgenossen bewußt, welch gefahrvolle Seite der Geisterwelt angesprochen wird, wenn sich Rockgruppen und Jugendbanden «Lucifer's Friend» oder «Hell's Angels» nennen? Manch strahlende Schönheit der Idol- und Starwelt kann sich der dämonischen Ausstrahlung sicher sein.

Die Engel der Unterhaltungsmusik wirken harmloser. Von Lehárs «Du hast im Himmel viel Englein bei Dir» bis zum «Guardian Angel» von Bing Crosby und Grace Kelly kennen wir ungezählte Verniedlichungen der Engelwelt. Stereophon tritt uns der Engel der Musikbox, des Nachtclubs und des Wunschkonzertes in allen Weltsprachen gegenüber. Schon in der sowjetischen Schlagerwelt der Breshnev-Zeit wurde der Engel angerufen. Was mag das zu bedeuten haben?

Trotz der bekannten religiösen Erfahrungsverluste, trotz ausdrücklicher Negation der Existenz von geistigen Wesen lebt der Engel in einer Art allegorisch-metaphorischer Daseinsweise fort. Doch selbst noch an seinem Zerrbild erweist sich die Lebendigkeit des Urbildes, das Ausdruck einer gütigen Himmelsmacht ist.

Die Banalisierung des Engels bleibt nicht der Unterhaltungsbranche vorbehalten. Anleihen an die Engelwelt, die weder der biblischen noch der theologischen Rede gerecht werden, finden wir auch in der ernsten Musik. Die Verehrer Richard Wagners mögen es verzeihen, wenn sein erstes Wesendonk-Lied als Beispiel für die Verkitschung der Engel-Idee vorgeführt wird. Es verdankt sich dem Sublimierungsprozeß nach einer außerehelichen Verfehlung und beschert uns mit den schwer erträglichen Versen:

«In der Kindheit frühen Tagen
hört' ich oft von Engeln sagen,
die des Himmels hehre Wonne
tauschen mit der Erdensonne,
daß, wo bang ein Herz in Sorgen
schmachtet vor der Welt verborgen,
daß, wo still es will verbluten,
und vergehn in Thränenfluthen,
daß, wo brünstig sein Gebet
einzig um Erlösung fleht,
da der Engel niederschwebt,
und es sanft gen Himmel hebt.
Ja, es stieg auch mir ein Engel nieder,
und auf leuchtendem Gefieder
führt er, ferne jedem Schmerz,
meinen Geist nun himmelwärts!»

Die Verwirrung ist nun vollständig. Der «Engel» läßt sich nicht nur auf die Banalität ein, er scheint auch gänzlich konturenlos zu sein. Wo immer eine schöne Frau beeindruckt, vielleicht auch ein attraktives Kleinkind, wo uns eine glückliche Begegnung widerfährt: alles wird mit

«Engel» bezeichnet. Es ist an der Zeit, die Uferlosigkeit ein wenig einzudämmen. Die Sprachgeschichte soll uns dabei helfen.

Das deutsche Wort «Engel» ist ein Lehnwort aus dem Lateinischen und stammt von «angelus», das uns z. B. vom Angelus-Läuten bekannt ist. «angelus» liegt auch den entsprechenden Wörtern der meisten europäischen Sprachen zugrunde: angelo im Italienischen, ángel im Spanischen, im Französischen ange, im Englischen angel usw.. Dieses Lehnwort «Engel» konnte mit der Christianisierung im Deutschen heimisch werden und wurde schließlich sogar unentbehrlich, weil, wie es im Grimmschen Wörterbuch von 1862 heißt, «für den himmlischen boten und geist kein heimischer ausdruck geeignet schien". Überraschenderweise hat das uns so urlateinisch anmutende Wort «angelus» eine ähnliche Geschichte. Es ist ein Lehnwort aus dem Griechischen, im Lateinischen selbst erst spät belegt, nämlich seit dem Kirchenvater Tertullian und der ältesten lateinischen Bibelübersetzung, der Vetus Latina. Schließlich sind es dann die Vulgata, die amtliche Bibelübersetzung Roms, und die von dieser Sprache inspirierte römische Liturgie, die «angelus» verbreitet haben und beinahe vergessen lassen, daß das Wort eigentlich griechisch ist.

Im Griechischen bedeutet das Wort «ággelos» zunächst ganz neutral «Bote», so zum Beispiel in der Ilias, wenn Antilochos als Bote, als «ággelos» bezeichnet wird, der Achill die Botschaft vom Tode des Freundes Patroklos bringt. Wenn aber ein solcher Bote im Dienste der Götter steht, so wird ihm gelegentlich das Adjektiv «theios» beigefügt, er ist also ein göttlicher Bote. Und im Laufe der Zeit wird die zunächst neutrale Botenfunktion eingeengt auf göttliche Verursachung. Vom lateinischen «angelus» an hat es praktisch nur noch christlich-theologische Bedeutung.

So wird auch verständlich, warum Luther in seiner Bibelübersetzung Johannes den Täufer als Engel bezeichnet, weil er eben ein Bote ist. Aus diesem Grund wird in der ostkirchlichen Kunst der Vorläufer, der pródromos, oftmals geflügelt dargestellt, zum Beispiel auf der rechten Tür der Ikonostase.

Soviel zur Wortbedeutung unter sprachlichen Gesichtspunkten. Um inhaltlich deutlich zu machen, was denn ein Engel sein könnte, bemühen wir einen der berühmten Aphorismen Pascals, mit dem er uns indirekt den entscheidenden Hinweis gibt.

«Gefährlich ist es, den Menschen zu sehr darauf zu stoßen, wie sehr er dem Tiere gleicht, ohne ihm gleichzeitig seine Größe zu zeigen. Es ist auch gefährlich, ihm seine Größe ohne seine Niedrigkeit zu zeigen. Und noch gefährlicher ist es, ihn in der Unwissenheit über beides zu lassen. Aber sehr nützlich ist es, ihm beides vor Augen zu halten. Weder soll der Mensch meinen, er sei den Tieren gleich, noch er gleiche den Engeln, er soll aber auch nicht in Unwissenheit über beides verharren, er soll um beides wissen.»[2]

Bekannter ist die knappere Fassung, die den angeführten Gedanken der Unterscheidung zwischen Tier, Mensch und Engel noch verschärft:

«Der Mensch ist weder Engel noch Tier; und das Unheil will, daß wer den Engel spielen will, das Tier spielt.»

«L'homme n'est ni ange ni bête, et le malheur veut que qui veut faire l'ange fait la bête.»[3]

Mit Pascal ist für die gemeinchristliche Tradition ausgesprochen, was mit einem Engel gemeint ist: er ist ein Wesen für sich, eine eigene Schöpfungskategorie.

Der Hauptstrom der ontologisch orientierten kirchlichen Theologie (die also neben dem Bibeltext auch noch philosophisches Nachdenken gelten läßt) sieht die Schöpfungsordnung gestuft – Anorganisches, Pflanzliches, Tier, Mensch, Engel –, aber nicht einfach in einem stufenlosen evolutiven Zusammenhang. Manche heute wieder aktivierten Reinkarnationslehren dagegen verzichten auf solche Wesensunterschiede. Nach der spiritistischen Lehre läutert sich der Mensch über verschiedene Inkarnationen zum Engel empor. Dieser sozusagen aufsteigenden Linie steht in den gnostischen Gruppierungen das umgekehrte Modell gegenüber: die Seele des Menschen ist wesensmäßig ein gefallener Engel.

Im Einklang mit der Bibel, der Schöpfungstheologie und dem eben zitierten Pascal wollen wir am Wesensunterschied zwischen Engel und Mensch festhalten. Doch

Die drei jungen Männer im Feuerofen
Die Knechte des Königs, die die drei Männer in den Ofen geworfen hatten, hörten inzwischen nicht auf, den Ofen mit Harz und Werg, Pech und Reisig zu heizen. So schlugen die Flammen bis zu neunundvierzig Ellen hoch aus dem Ofen heraus. …Aber der Engel des Herrn war zusammen mit Asarja und seinen Gefährten in den Ofen hinabgestiegen. Er trieb Flammen des Feuers aus dem Ofen hinaus und machte das Innere des Ofens so, als wehte ein taufrischer Wind. Das Feuer berührte sie gar nicht; es tat ihnen nichts zuleide und belästigte sie nicht. Da sangen die drei im Ofen wie aus einem Mund, sie rühmten und priesen Gott mit den Worten: Gepriesen bist du, Herr, du Gott unserer Väter, gelobt und verherrlicht in Ewigkeit. Gepriesen bist du, der in die Tiefen schaut und auf Kerubim thront, gelobt und gerühmt in Ewigkeit (Dan 3,49 f).

drängt sich gleich noch eine ganz andere Bemerkung auf: Wo in der Theologie und in der Philosophie die Idee des Engels schwindet, dort schwindet auch die Idee der Seele als eine im Prinzip von der menschlichen Leiblichkeit lösbare geistige Substanz. Hier erkennen wir also auch die Verwandtschaft zwischen dem Geistwesen Engel (es ist körperlos, von Raum, Zeit und Materialität zumindest relativ unabhängig) und der (theologisch heute vielfach diskreditierten) Geistseele, die zwar unverkennbar in die Körperlichkeit eingebunden ist, aber doch in vielen ihrer Fähigkeiten und in Grenzfällen Raum, Zeit und Materialität transzendiert, und die sich im Tod von der leiblichen Hülle löst, in sich aber Bestand behält und Identität bewahrt. Umgekehrt gesprochen: wo ein solcher Seelenbegriff abgelehnt wird, wo Seele gänzlich als Funktion der Leiblichkeit verstanden und mit dieser Leiblichkeit als vergänglich angenommen wird, dort besteht auch kein Interesse an geistigen Wesen, wie eben Engel (und Dämonen) gemeinhin definiert werden. Die Beschäftigung mit Engeln ist in jedem Fall Sache einer Minderheit.

Wir verstehen Engel als Geistwesen, somit körperlos im Sinne von Stofflichkeit, was nicht mit Gestaltlosigkeit gleichzusetzen ist. Engel sind aber auch geschöpfliche Wesen, also nicht gott- oder göttergleich. Dieser Vorstellung nähert sich, seit Aristoteles und bis Kant, auch das philosophische Denken. Die Bibel macht mit der Bezeichnung Engel/angelus/ággelos keine Aussage zum Wesen des Engels, sondern nur über seine Funktion. Mit den Worten des Augustinus: «angelus enim officii nomen est, non naturae; nam angelus graece, qui latine nuntius appellatur.» Frei übersetzt: «Engel» ist die Bezeichnung für das Amt, nicht für das Wesen; denn mit «Engel» (angelus) wird griechisch benannt, was lateinisch mit «Bote» (nuntius) bezeichnet wird.

Unser Fazit aus den sprachlichen und definitorischen Überlegungen: Das geistige Wesen Engel ist ein Bote Gottes. Aber nicht jeder Bote Gottes muß ein Engel sein. Nehmen wir jedoch die Geistigkeit der Engel ernst und akzeptieren die Wirkung der Geister, die Geistwirkung, dann fällt es uns auch nicht mehr schwer anzunehmen, daß ein Engel auf einen Menschen einwirken kann und daß uns dergestalt in einem Mitmenschen ein Engel begegnet. Damit wollen wir die Abstraktionen auf sich beruhen lassen und uns den bildhaften Aussagen zuwenden.

EIN BLICK INS ALTE TESTAMENT

Wenn wir zu unserem Thema «Engel» das Alte Testament aufschlagen, müssen wir uns bewußt bleiben, daß wir mit neuzeitlichem Weltverständnis und dem Wunsch nach Eindeutigkeit der hebräischen und hellenistischen Bilderwelt nicht gerecht werden können. Für Fragen, wie wir sie uns heute stellen, können wir in der Bibel nicht die adäquate Antwort finden. Wenn wir aber zum Umdenken bereit sind, werden wir reichlich belohnt durch großartige Schauungen.

Die Schwierigkeiten beginnen bereits beim Begriff. Das Alte Testament kennt viele Bezeichnungen neben dem hebräischen Wort «mal'ak», was im Griechischen mit ággelos wiederzugeben ist – und die Philologen streiten sich darüber, ob die Singularform mal'ak mit «ein Engel» oder «der Engel» wiederzugeben sei. An manchen Stellen sind «Heilige» gleichbedeutend mit «Engeln», an anderen werden sie als «Söhne Gottes» benannt, oder ganz einfach als «Männer». Gemeint sind sie auch im militärisch anmutenden Begriff der «Heerscharen», ja selbst als «Götter» können sie bezeichnet werden. So etwa wird eine Stelle im Psalm 89 verstanden, in dem es heißt:

«Denn wer über den Wolken ist wie der Herr,
wer von den Göttern ist dem Herrn gleich?» (Ps 89, 7)

Die Gelehrten sind sich nicht einmal einig, ob die Cherubim und Serafim, die in der Liturgie und in vielen Kirchenliedern angerufen werden, im alttestamentlichen Zusammenhang überhaupt als Engel aufgefaßt werden dürfen. Doch lassen wir zur Einstimmung den Theologen André Caquot[4] zu Wort kommen.

«Man darf im A[lten] T[estament] keine fix und fertige ‹Angelologie› suchen. Das alte Israel hat gar nicht versucht, ein dogmatisches System mit einem eigenen Kapitel Angelologie zu erarbeiten. Es hat sich nicht bemüht, die Natur der Engel genau zu definieren und Aussagen über ihr Wesen im Verhältnis zu Gott und zu den Menschen zu machen. Die Welt der Engel, die sich im Laufe der Zeit anreichert und unterscheidet, gliedert sich hierarchisch erst sehr spät. Die Angelologie des A[lten] T[estaments] ist also lediglich eine Summe von Formeln und Bildern über die Beziehungen, die Gott durch Vermittlung seines oder seiner übermenschlichen ‹Boten› mit den Menschen anknüpft. Dennoch handelt es sich nicht um ein bloßes Repertorium von Schilderungsmethoden. Die Engel sind keine Symbole, sondern Objekte des Glaubens. Die alten Israeliten glaubten, daß sich Gott der Engel bediente, um die Welt und die Geschichte, deren Herr er ist, zu lenken. Diesen Glauben bezeugen die ältesten Quellen der israelitischen Religion, und er ist als ursprünglicher Bestandteil des jüdischen Glaubens zu betrachten.»

Bei aller Fülle und Uneinheitlichkeit der Bilderwelt, mit der Engel und Heerscharen beschrieben werden, kann auch eine eher religionsgeschichtliche Sehweise kaum an der Einsicht vorbeigehen, daß diesen Bildern nicht nur ausmalende Spekulationen und die nicht nachprüfbaren visionären Eindrücke von Propheten zugrunde liegen. Es beeindrucken uns vielmehr die ganz realen Erfahrungen eines Volkes und begnadeter Einzelner. Dem biblischen Niederschlag einiger solcher Schauungen wollen wir nun nachgehen. Statt akademischen Erläuterungen zu folgen, lassen wir die Sprache der Bibel auf uns wirken.

Unser erstes Beispiel berichtet von der Berufung des Propheten Jesaja. Diese berühmte Vision, die sich auf das Jahr 739 vor Christus datieren läßt, schlägt sich noch in der Geheimen Offenbarung und von da aus in allen Liturgien der Christenheit nieder:

«Im Todesjahr des Königs Usija sah ich den Herrn. Er saß auf einem hohen und erhabenen Thron. Der Saum seines Gewandes füllte den Tempel aus. Serafim standen über ihm. Jeder hatte sechs Flügel: Mit zwei Flügeln bedeckten sie ihr Gesicht, mit zwei bedeckten sie ihre Füße, und mit zwei flogen sie. Sie riefen einander zu:

Heilig, heilig, heilig ist der Herr der Heere.
Von seiner Herrlichkeit ist die ganze Erde erfüllt.

Die Türschwellen bebten bei ihrem lauten Ruf, und der Tempel füllte sich mit Rauch.

Da sagte ich: Weh mir, ich bin verloren. Denn ich bin ein Mann mit unreinen Lippen und lebe mitten in einem Volk mit unreinen Lippen, und meine Augen haben den König, den Herrn der Heere, gesehen. Da flog einer der Serafim zu mir; er trug in seiner Hand eine glühende Kohle, die er mit einer Zange vom Altar genommen hatte. Er berührte damit meinen Mund und sagte:

Das hier hat deine Lippen berührt:
Deine Schuld ist getilgt,
deine Sünde gesühnt.» (Jes 6, 1-7)

Als zweites Beispiel aus dem Alten Testament lesen wir Psalm 91, der uns im Neuen Testament in der Perikope von der Versuchung Jesu wiederbegegnen wird. Es ist verständlich, daß diese Verse aus dem Gebetsleben von weit über zweitausend Jahren nicht wegzudenken sind:

«Wer im Schutz des Höchsten wohnt
und ruht im Schatten des Allmächtigen,
der sagt zum Herrn: ‹Du bist für mich Zuflucht
 und Burg,
mein Gott, dem ich vertraue.›
Er rettet dich aus der Schlinge des Jägers
und aus allem Verderben.
Er beschirmt dich mit seinen Flügeln,
unter seinen Schwingen findest du Zuflucht,
Schild und Schutz ist dir seine Treue.
Du brauchst dich vor dem Schrecken der Nacht
 nicht zu fürchten,
noch vor dem Pfeil, der am Tag dahinfliegt,
nicht vor der Pest, die im Finstern schleicht,
vor der Seuche, die wütet am Mittag.
Fallen auch tausend zu deiner Seite,
dir zur Rechten zehnmal tausend,
so wird es doch dich nicht treffen.
Ja, du wirst es sehen mit eigenen Augen,
wirst zuschauen, wie den Frevlern vergolten wird.
Denn der Herr ist deine Zuflucht,

du hast dir den Höchsten als Schutz erwählt.
Dir begegnet kein Unheil,
kein Unglück naht deinem Zelt.
Denn er befiehlt seinen Engeln,
dich zu behüten auf all deinen Wegen.
Sie tragen dich auf ihren Händen,
damit dein Fuß nicht an einen Stein stößt;
du schreitest über Löwen und Nattern,
trittst auf Löwen und Drachen.
‹Weil er an mir hängt, will ich ihn retten;
ich will ihn schützen, denn er kennt meinen Namen.
Wenn er mich anruft, dann will ich ihn erhören.
Ich bin bei ihm in der Not,
befreie ihn und bringe ihn zu Ehren.
Ich sättige ihn mit langem Leben
und lasse ihn schauen mein Heil.›»

Wir folgen nun einer zweiten alttestamentlichen Vision. In
der Schau des Propheten Ezechiel bieten altorientalische
Überlieferungen Bilder, die wir in der Johannesoffenba-
rung im Neuen Bund wiederfinden:

«Ich sah: Oberhalb der gehämmerten Platte über den
Köpfen der Kerubim war etwas, das wie Saphir aussah
und einem Thron glich.
Er sagte zu dem Mann, der das leinene Gewand anhatte: Geh zwischen die Räder unter den Kerubim, nimm
zwei Hände voll von den glühenden Kohlen, die zwi-
schen den Kerubim sind, und streu sie über die Stadt!
Da ging der Mann vor meinen Augen zu den Kerubim.
Sie standen rechts vom Tempel, als der Mann zu ihnen
ging, und die Wolke erfüllte den Innenhof. Die Herrlichkeit des Herrn schwebte von den Kerubim hinüber
zur Schwelle des Tempels. Der Tempel wurde von der
Wolke erfüllt, und der Vorhof war voll vom Glanz der
Herrlichkeit des Herrn. Das Rauschen der Flügel der
Kerubim war bis zum Vorhof zu hören; es war wie die
Stimme des allmächtigen Gottes, wenn er spricht. Als
er dem Mann, der das leinene Gewand anhatte, befahl:
Nimm von dem Feuer, das zwischen den Rädern und
zwischen den Kerubim ist!, ging der Mann und stellte

sich neben das Rad. Und ein Kerub streckte seine Hand aus, nahm von dem Feuer, das zwischen den Kerubim war, und legte es in die Hände des Mannes, der das leinene Gewand anhatte. Der Mann nahm das Feuer und ging hinaus.

Unter den Flügeln der Kerubim wurde etwas sichtbar, das wie eine Menschenhand aussah. Und ich sah neben den Kerubim vier Räder, ein Rad neben jedem Kerub. Die Räder waren wie glitzernder Chrysolith. Alle vier sahen gleich aus, und es schien so, als laufe ein Rad mitten im andern. Sie konnten nach allen vier Seiten laufen und änderten beim Laufen ihre Richtung nicht; denn der Richtung, die das vordere Rad einschlug, folgten die anderen. Sie änderten beim Laufen ihre Richtung nicht. Ihr ganzer Leib, ihr Rücken, ihre Hände und Flügel und auch die Räder waren bei allen vier ringsum voll Augen. Die Räder wurden, wie ich deutlich hörte, ‹Wirbel› genannt. Jedes Lebewesen hatte vier Gesichter. Das erste war ein Kerubgesicht, das zweite ein Menschengesicht, das dritte ein Löwengesicht und das vierte ein Adlergesicht. Die Kerubim konnten emporschweben. Es waren die Lebewesen, die ich am Fluß Kebar gesehen hatte.

Wenn die Kerubim gingen, dann liefen die Räder an ihrer Seite mit. Auch wenn die Kerubim ihre Flügel bewegten, um sich von der Erde zu erheben, lösten sich die Räder nicht von ihrer Seite. Blieben die Kerubim stehen, dann standen auch die Räder still. Hoben sich die Kerubim empor, dann hoben sich die Räder mit ihnen; denn der Geist der Lebewesen war in den Rädern.» (Ez 10, 1-17)

Als letztes Beispiel aus dem Alten Testament (im lutherischen Verständnis beziehen wir uns auf ein Buch der Apokryphen) hören wir die Selbstoffenbarung Rafaels. Das Buch Tobit berichtet von dem jungen Tobias, der für seine Reise in die Fremde einen Begleiter findet, der ihn glücklich führt und heil nach Hause zurückbringt. Es ist, unerkannt, der Erzengel. Auf diesen Text bezieht sich Rilke in der zweiten Duineser Elegie. Im 12. Kapitel des Buches Tobit lesen wir:

«Danach rief Tobit seinen Sohn Tobias zu sich und sagte: Mein Sohn, vergiß nicht den Lohn für den Mann, der dich begleitet hat. Du mußt ihm aber mehr geben, als wir ihm versprochen haben. Tobias antwortete: Vater ich werde keinen Schaden nehmen, wenn ich ihm die Hälfte von all dem gebe, was ich mitgebracht habe. Denn er hat mich gesund zu dir zurückgebracht; er hat meine Frau geheilt; er hat mein Geld abgeholt, und auch dich hat er geheilt. Da sagte der alte Tobit: Ja, er hat es verdient. Dann rief er den Engel zu sich und sagte: Nimm die Hälfte von allem, was ihr mitgebracht habt. Der Engel aber nahm die beiden beiseite und sagte zu ihnen: Preist Gott, und lobt ihn! Gebt ihm die Ehre, und bezeugt vor allen Menschen, was er für euch getan hat. Es ist gut, Gott zu preisen und seinen Namen zu verherrlichen und voll Ehrfurcht seine Taten zu verkünden. Hört nie auf, ihn zu preisen. Es ist gut, das Geheimnis des Königs zu wahren; die Taten Gottes aber soll man offen rühmen. Tut Gutes, dann wird euch kein Unglück treffen. Es ist gut, zu beten und zu fasten, barmherzig und gerecht zu sein. Lieber wenig, aber gerecht, als viel und ungerecht. Besser, barmherzig sein, als Gold anhäufen. Denn Barmherzigkeit rettet vor dem Tod und reinigt von jeder Sünde. Wer barmherzig und gerecht ist, wird lange leben. Wer aber sündigt, ist der Feind seines eigenen Lebens. Ich will euch nichts verheimlichen; ich habe gesagt: Es ist gut, das Geheimnis des Königs zu wahren; die Taten Gottes aber soll man offen rühmen. Darum sollt ihr wissen: Als ihr zu Gott flehtet, du und deine Schwiegertochter Sara, da habe ich euer Gebet vor den heiligen Gott gebracht. Und ebenso bin ich in deiner Nähe gewesen, als du die Toten begraben hast. Auch als du ohne zu zögern vom Tisch aufgestanden bist und dein Essen stehengelassen hast, um einem Toten den letzten Dienst zu erweisen, blieb mir deine gute Tat nicht verborgen, sondern ich war bei dir. Nun hat mich Gott auch gesandt, um dich und deine Schwiegertochter Sara zu heilen. Ich bin Rafael, einer von den sieben heiligen Engeln, die das Gebet der Heiligen emportragen und mit ihm vor die Majestät des heiligen Gottes treten. Da erschraken die beiden und fielen voller Furcht vor ihm nieder. Er aber sagte zu ihnen: Fürchtet euch nicht! Friede sei mit euch. Preist Gott in Ewigkeit! Nicht weil ich euch eine Gunst erweisen wollte, sondern weil unser Gott es wollte, bin ich zu euch gekommen. Darum preist ihn in Ewigkeit! Während der ganzen Zeit, in der ihr mich gesehen habt, habe ich nichts gegessen und getrunken; ihr habt nur eine Erscheinung gesehen. Jetzt aber dankt Gott! Ich steige wieder auf zu dem, der mich gesandt hat. Doch ihr sollt alles in einem Buch aufschreiben. Als sie wieder aufstanden, sahen sie ihn nicht mehr. Und sie verkündeten überall, welch große und wunderbare Dinge Gott getan hatte und daß ihnen der Engel des Herrn erschienen war.» (Tob 12)

Am Anfang der Religionen steht nicht das Nachdenken über das Wesen Gottes oder der Götter; die religiösen Dokumente berichten uns vielmehr vom göttlichen Handeln. Auch das Nachdenken und Spekulieren über das Wesen der Engel gehört jeweils späteren Epochen an. Die heiligen Schriften der Völker machen uns mit Aufgaben und Dienst der Engel bekannt; modern gesprochen: Die Engel haben Funktionen, und durch diese sind sie bestimmt. Sucht man in der Religionsgeschichte nach dem Vorkommen von Engeln, tut man gut daran, zunächst auf vorgefaßte Begriffe zu verzichten, um nicht strukturfremde Vorstellungen an fremde Lehren heranzutragen. Wer in den Religionen Engel ausfindig machen will, muß nach den Trägern der Funktionen suchen, die für die biblischen Engel typisch sind. Bei diesem Vorgehen wird man schnell fündig. In allen Religionen der Menschheit, auch in den sogenannten primitiven, gibt es die Kunde von Zwischenwesen, vermittelnd zwischen dem Heiligen und dem Profanen, zwischen Himmel und Erde, Gott und den Menschen. Wir treffen auf Naturgeister, die so neutral sind wie Wind und Wasser, wir begegnen Wesenheiten, die dem Göttlichen zugeordnet sind. Andere, Dämonen, sind einem bösen Prinzip verpflichtet. Sie wirken in der Natur oder bewirken die Naturvorgänge. Sie treten als Schutz-, Todes- und Gerichtsengel auf, als einzelne und in ganzen

Heerscharen, sie lobpreisen den Höchsten oder dienen zerstörerischen Plänen. Die Gelehrten der Religionen reflektieren über ihre Kreatürlichkeit, ihre geistige und körperliche Beschaffenheit und ihr Geschlecht, sie kategorisieren sie in Gruppen und Hierarchien. Der Übergang zu den Göttern ist oft fließend. Eindeutig ist die Abgrenzung zwischen Gott und seinen Geschöpfen erst in den monotheistischen Religionen.

RELIGIONSGESCHICHTLICHER EXKURS

Bevor wir von den alttestamentlichen Textbeispielen zum Neuen Testament fortschreiten, unterbrechen wir unsere Bibelzitate mit einem Exkurs in die religiöse Vorstellungswelt der griechischen Antike. Wir nähern uns dieser Religiosität über die homerischen Epen. Der sensible Hörer wird bald bemerken, daß im Erlebnischarakter Elemente enthalten sind, die wir auch aus der Bibel kennen. Daraus darf man schließen, daß die archetypischen Engelerfahrungen in den verschiedenen Religionen in ihrem Kern die gleichen sind.

Zu Beginn der Ilias finden wir Achill mit Agamemnon im Streit um Frauenbeute. Das innere Ringen Achills wird entschieden vom Eingreifen Athenes, die der Leser mit christlichem Hintergrund als Schutzengel empfindet:

«Jener sprach's; da entbrannte der Peleion,
    und das Herz ihm
Unter der zottigen Brust ratschlagete
    wankenden Sinnes,
Ob er, das schneidende Schwert alsbald von der
    Hüfte sich reißend,
Trennen sie sollt auseinander und niederhaun
    den Atreiden
Oder stillen den Zorn und die mutige Seele beherrschen.
Als er solches erwog in des Herzens Geist
    und Empfindung
Und er das große Schwert schon hervorzog,
    naht' ihm vom Himmel
Pallas Athen, entsandt von der lilienarmigen Here,
Die für beide zugleich in liebender Seele besorgt war.
Hinter ihn trat sie und faßte das bräunliche Haar
    des Peleiden,
Ihm allein sich enthüllend; der anderen schaute
    sie keiner.

Staunend zuckte der Held und wandte sich:
　　plötzlich erkannt er
Pallas Athenes Gestalt, und fürchterlich strahlt' ihm
　　ihr Auge.
Und er begann zu jener und sprach
　　die geflügelten Worte:
Warum, o Tochter Zeus', des Ägiserschütterers,
　　kamst du?
Etwa den Frevel zu schaun von Atreus'
　　Sohn Agamemnon?
Aber ich sage dir an, und das wird wahrlich vollendet:
Sein unbändiger Stolz wird einst noch das
　　Leben ihm kosten!
Drauf antwortete Zeus' blauäugige Tochter
　　Athene:
Deinen Zorn zu stillen, gehorchtest du, kam ich
　　vom Himmel;
Denn mich sendete Here, die lilienarmige Göttin,
Die für beide zugleich in liebender Seele besorgt ist.
Aber wohlan, laß fahren den Streit und zücke
　　das Schwert nicht,
Magst du mit Worten ihn doch beleidigen, wie
　　es dir einfällt.
Denn ich sage dir an, und das wird wahrlich vollendet:
Einst wird dir noch dreimal so herrliche Gabe geboten
Wegen der heutigen Schmach. Drum fasse dich
　　nun und gehorch uns.»[5]

Auch dem Agamemnon wird göttlicher Rat zuteil, und
zwar im Traum, personifiziert in der Gestalt Nestors:

«Jener trat ihm zum Haupt, an Gestalt dem Sohne
　　des Neleus,
Nestor, gleich, den hoch vor den Ältesten
　　ehrt' Agamemnon;
Dessen Gestalt nachahmend, begann der göttliche
　　Traum so:
Schlummerst du, Atreus' Sohn, des feurigen
　　Rossebezähmers?
Keinem Richter gebührt's, die ganze Nacht zu
　　durchschlummern,

30

Dem zur Hut sich die Völker vertraut und so
mancherlei obliegt.
Auf nun, höre mein Wort: ich komm ein Bote
Kronions,
Der dich sehr, auch ferne begünstiget, dein sich erbar-
mend.»[6]

Ein drittes Beispiel, diesmal aus der Odyssee (die Übersetzung stammt wiederum von J.H.Voß). Hier findet
Odysseus Rat und Schutz Athenes. In ihrer Sorge um den
Schützling spricht die Göttin zu Zeus, und dieser bewirkt
die Befreiung aus den Fängen der Kalypso mit Hilfe des
beflügelten Hermes:

«Sprach's und redete drauf zu seinem Sohne Hermeias:
Hermes, meiner Gebote Verkündiger, melde der
Nymphe
Mit schönwallenden Locken der Götter heiligen
Ratschluß
Über den leidengeübten Odysseus! Er kehre von dannen
Ohne der Götter Geleit und ohne der sterblichen
Menschen!
Einsam, im vielgebundenen Floß, von Schrecken
umstürmet
Komm er am zwanzigsten Tage zu Scherias fruchtbaren
Auen,
In das glückliche Land der götternahen Phaiaken!
Diese werden ihn hoch wie einen Unsterblichen ehren,
Und ihn senden im Schiffe zur lieben heimischen Insel,
Reichlich mit Erz und Golde beschenkt und prächtigen
Kleidern,
Mehr als jemals der Held von Ilion hätte geführet,
Wär er auch ohne Schaden mit seiner Beute
gekommen.
Also gebeut ihm das Schicksal, die Freunde
wiederzuschauen,
Und den hohen Palast und seiner Väter Gefilde!
Also sprach Kronion. Der rüstige Argosbesieger
Eilte sofort und band sich unter die Füße die schönen
Goldnen ambrosischen Sohlen, womit er über die
Wasser

Und das unendliche Land im Hauche des Windes
  einherschwebt.
Hierauf nahm er den Stab, womit er die Augen der
  Menschen
Zuschließt, welcher er will, und wieder vom
  Schlummer erwecket.
Diesen hielt er und flog, der tapfere Argosbesieger,
Stand auf Pieria still und senkte sich schnell aus
  dem Äther
Nieder aufs Meer und schwebte dann über die Flut,
  wie die Möwe,
Die um furchtbare Busen des ungebändigten Meeres
Fische fängt und sich oft die flüchtigen Fittiche netzet:
Also beschwebte Hermeias die weithinwallende Fläche.
Als er die ferne Insel Ogygia jetzo erreichte,
Stieg er aus dem Gewässer des dunklen Meeres ans Ufer,
Wandelte fort, bis er kam zur weiten Grotte der
  Nymphe...»[7]

Wer die Bibel mit Homer vergleicht, wird kaum übersehen, daß sich Parallelen von der Heiligen Schrift zu den
altgriechischen Epen und ihren mythischen Hintergründen
aufdrängen: der geflügelte Bote, der Traum, das Erschrecken. Religiöse Erfahrungen sind offenbar in ihrem
Kern vergleichbar, auch wenn sie sich in andere Systeme
einkleiden. (Wer für die Hochschätzung der religiösen
Erfahrung in der Antike, namentlich bei Homer, einer
theologischen Begründung bedarf, lese Hans Urs von
Balthasar[8].)

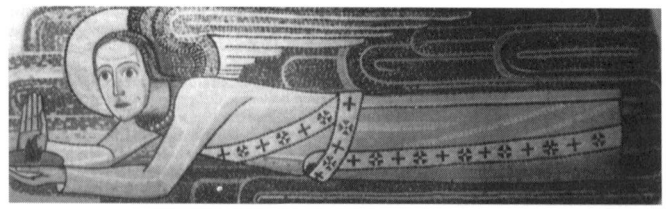

ENGEL IM NEUEN TESTAMENT

Die Erzählungen des Neuen Testaments, zumindest jedoch von diesen inspirierte Kunst, Literatur, Lieder, haben in der westlichen Welt die Vorstellung vom Engel entscheidend geprägt. Wollte man aus den Schriften des Neuen Bundes die vielfältigen Bezugnahmen zu Engeln wegdenken, so hätten wir es mit einem ganz anderen Buch zu tun.

Entgegen allen philologischen und exegetischen Gepflogenheiten halten wir uns an die Abfolge der heilsgeschichtlichen Ereignisse, wie sie jedem Schulkind bereits mehr oder weniger vertraut sind.

Die erste Engel-Erfahrung verzeichnet das Evangelium, als dem Zacharias die Geburt eines Sohnes, des Täufers Johannes, angekündigt wird. Diese Stelle erinnert an das Geschehnis, das Abraham und Sarah im Hain zu Mamre widerfährt, und es wiederholt sich noch einmal bei der Verkündigung an Maria: Es ist Gabriel, der «von Gott in eine Stadt in Galiläa namens Nazaret zu einer Jungfrau gesandt» (Lk 1, 26ff) wird, ein Bote also. Dieses heilsgeschichtliche Ereignis ersten Ranges wird ganz nüchternbildhaft dargestellt: «Der Engel trat bei ihr ein und sagte: Sei gegrüßt, du Begnadete, der Herr ist mit dir.» Maria «erschrak», und der Engel sprach zu ihr: «Fürchte dich nicht, Maria». In Erinnerung daran betet jeden Sonntag der Papst öffentlich das Angelus-Gebet, und Radio Vatikan strahlt es über Kurzwelle in alle Welt aus.

Marias Verlobtem, von der ungewöhnlichen Schwangerschaft verständlicherweise überfordert, erscheint nun «ein Engel des Herrn im Traum» (Mt 1, 20), dessen Weisung er folgt.

In der Geburtsnacht des Herrn begegnen die Hirten in der typischen Furcht dem Engel des Herrn, der ihnen die große Freude verkündet. Und dazu gesellt sich nun «ein großes himmlisches Heer, das Gott lobte und sprach: Verherrlicht ist Gott in der Höhe, und auf Erden ist Friede bei den Menschen seiner Gnade» (Lk 2, 13f). Um vor Herodes zu warnen, der dem Kind nachstellt, erscheint erneut dem Josef im

Traum ein Engel. Die Versuchung Jesu ist wiederum Anlaß für die Evangelisten, das Wirken von Engeln zu erwähnen. Der Satan bezieht sich ausdrücklich auf Psalm 91, wenn er Jesus entgegenhält: «Wenn du Gottes Sohn bist, so stürz dich hinab; denn es heißt in der Schrift: Seinen Engeln befiehlt er, dich auf ihren Händen zu tragen, damit dein Fuß nicht an einen Stein stößt» (Mt 4, 3ff).

Nach dreimaliger Zurückweisung des Satans durch Jesus «ließ der Teufel von ihm ab, und es kamen Engel und dienten ihm.»

In einem anderen Zusammenhang stehen die Engel der Gleichnisreden Jesu, sie sind aber nicht minder selbstverständlicher Bestandteil der Vorstellungswelt Jesu und der Evangelisten. In den Bildern vom Endgericht sind die Engel die Erntehelfer, die Gerichtsdiener. Zum Beispiel heißt es da: «Der Menschensohn wird mit seinen Engeln in der Hoheit des Vaters kommen und jedem Menschen vergelten, wie es seine Taten verdienen» (Mt 16, 27). Dem Gericht, der Wiederkunft des Herrn, der Aufrichtung der Gottesherrschaft, die stets die Engel in der Gefolgschaft haben, steht gegenüber die Aussage, daß Tag und Stunde niemand kennt, «auch nicht die Engel im Himmel» (Mt 24, 36).

Als Jesus die sadduzäische Fangfrage vorgelegt wird, wem denn von den sieben Brüdern einst die Frau gehören werde, die nacheinander mit allen verheiratet war, gibt er diese Antwort: «nach der Auferstehung werden die Menschen nicht mehr heiraten, sondern sein wie die Engel im Himmel» (Mt 22, 30).

Es ist verständlich, daß eine solche Ausage aus Jesu Mund auch Überinterpretationen erfahren hat: die Negierung des Unterschiedes zwischen Engel und Mensch; die bewußte oder unbewußte Höherschätzung der Leibfreiheit der Engel gegenüber der Leiblichkeit des Menschen.

Sogar von einer Gemütsbewegung der Engel weiß Jesus zu berichten: «Ebenso herrscht bei den Engeln Gottes Freude über einen einzigen Sünder, der umkehrt» (Lk 15, 10). Und nicht minder bewegend ist das vertraute Wort über den armen Lazarus: «Als nun der Arme starb, wurde er von den Engeln in Abrahams Schoß getragen» (Lk 16, 22). Die tröstliche Vorstellung vom Todesengel findet hier ihre neutestamentliche Begründung. Eine weitere Stelle, die

aus der Frömmigkeitsgeschichte nicht wegzudenken ist, lautet in der Einheitsübersetzung des Neuen Testaments: «Hütet euch davor, einen von diesen Kleinen zu verachten! Denn ich sage euch: Ihre Engel im Himmel sehen das Angesicht meines himmlischen Vaters» (Mt 18, 10). Diese berühmte Stelle von den «Kleinen» wird zwar oft auf die Kinder und auf die Fürsorge ihrer Schutzengel gedeutet, doch merken Exegeten an, mit den «Kleinen» seien gar nicht die Kinder gemeint, sondern alle Armen und Machtlosen, die kleinen Leute sozusagen. In ihrer Ausweitung wird diese Deutung noch trostvoller.

Drei eigenständige Erzählungen enthält das Johannesevangelium, und in ihrem Zusammenhang werden wiederum Existenz und Wirken von Engeln als selbstverständlich vorausgesetzt. Im Bericht der Jüngerberufung nennt Jesus den Natanael einen «Mann ohne Falschheit». Auf dessen verständliche Frage, woher Jesus das wissen könne, folgt die bekannte Antwort: «Schon bevor dich Philippus rief, habe ich dich unter dem Feigenbaum gesehen.» Der über diese Hellsehfähigkeit erstaunte Natanael erhält die Aufklärung, daß er noch ganz anderes zu sehen bekomme: «Amen, amen, ich sage euch: Ihr werdet den Himmel geöffnet und die Engel Gottes auf- und niedersteigen sehen über dem Menschensohn» (Joh 1, 47ff).

Daß Menschen unserer Zeit den «Himmel geöffnet» sehen, ist zwar nicht allzu häufig, aber wenn es ihnen widerfährt, müssen sie eine psychiatrische Erklärung gewärtigen. Ohne Zweifel gibt es seelische Aberrationen, die sich in ein religiöses Gewand hüllen, und nicht jede sogenannte Privatoffenbarung hat Anspruch darauf, den Visionen auf Patmos gleichgestellt zu werden. Jedoch kann man die biblischen Hinweise dieser Art redlicherweise nur dann ernstnehmen, wenn man im Prinzip auch mystische Erfahrungen in der Gegenwart ernst zu nehmen bereit ist. Häufig wird der umgekehrte Schluß gezogen: weil wir zu diesen Dimensionen keinen Zugang haben, versuchen wir auch, den entsprechenden Bibelstellen den Stachel zu nehmen, indem sie überholten Weltbildern und antiker Fabulierlust zugeordnet werden.

Das vierte Evangelium berichtet von der Heilung am Teich von Betesda, wobei der Vers 4 des 5. Kapitels nur in einem Teil der Textzeugen belegt ist und deshalb als späterer Einschub gewertet wird. Es heißt da: «Ein Engel des Herrn stieg zu bestimmter Zeit in den Teich hinab und brachte das Wasser zum Aufwallen.» Jedenfalls sieht der Verfasser hinter der Heilwirkung die Macht eines Engels des Herrn.

In der dritten Johannes-Stelle geht es um einen nicht uninteressanten Nebenaspekt. Die letzte öffentliche Rede Jesu schließt mit den Worten: «Vater, verherrliche deinen Namen!» Dem folgt nun die Bemerkung des Evangelisten: «Da kam eine Stimme vom Himmel: Ich habe ihn schon verherrlicht und ich werde ihn wieder verherrlichen. Die Menge, die dabeistand und das hörte, sagte: Es hat gedonnert. Andere sagten: Ein Engel hat zu ihm geredet» (Joh 12, 28f). Für unsere Fragestellung ergibt sich daraus dies: Nicht jeder kann mit ungewöhnlichen Zeichen etwas anfangen, und was dem einen als Donner erscheint, das deutet ein anderer als Stimme vom Himmel.

Wir begeben uns nun auf den Ölberg. Die Bereitschaft Jesu, den Kelch zu trinken wird von einem göttlichen Boten bestärkt, wenn es heißt: «Da erschien ihm ein Engel vom Himmel und gab ihm (neue) Kraft» (Lk 22, 43). Als bei der nachfolgenden Verhaftung Jesu der Jünger Petrus Gewalt anwenden will, rügt ihn der Meister mit den Worten: «Oder glaubst du nicht, mein Vater würde mir sogleich mehr als zwölf Legionen Engel schicken, wenn ich ihn darum bitte?» (Mt 26, 53)

Mit den Auferstehungsberichten verbinden sich die letzten Hinweise auf Engel in den Evangelien. «Plötzlich entstand ein gewaltiges Erdbeben; denn ein Engel des Herrn kam vom Himmel herab, trat an das Grab, wälzte den Stein weg und setzte sich darauf. Seine Gestalt leuchtete wie ein Blitz, und sein Gewand war weiß wie Schnee. Die Wächter begannen vor Angst zu zittern und fielen wie tot zu Boden. Der Engel aber sagte zu den Frauen: Fürchtet euch nicht. Ich weiß, ihr sucht Jesus, den Gekreuzigten. Er ist nicht hier; denn er ist auferstanden, wie er gesagt hat» (Mt 28, 2-6).

Auch bei Markus erleben die Frauen den Engel, der als ein «junger Mann» bezeichnet wird: «Sie gingen in das Grab hinein und sahen auf der rechten Seite einen jungen

Mann sitzen, der mit einem weißen Gewand bekleidet war; da erschraken sie sehr. Er aber sagte zu ihnen: Erschreckt nicht! Ihr sucht Jesus von Nazaret...» (Mk 16, 5f). Die Bezeichnung «Engel» fällt zunächst auch nicht im Auferstehungsbericht nach Lukas (Lk 24). Als die Frauen «ratlos dastanden, traten zwei Männer in leuchtenden Gewändern zu ihnen» (24, 4). Es schließt sich die Emmaus-Geschichte an, und erst im Gespräch mit Jesus erwähnen die beiden mutlosen Jünger die Frauen am leeren Grab: «Als sie zurückkamen, erzählten sie, es seien ihnen Engel erschienen und hätten gesagt, er lebe» (24, 23).

Das Johannesevangelium bezeugt folgende Begebenheit am leeren Grab: «Maria aber stand draußen vor dem Grab und weinte. Während sie weinte, beugte sie sich in die Grabkammer hinein. Da sah sie zwei Engel in weißen Gewändern sitzen... Die Engel sagten: Frau, warum weinst du? Sie antwortete ihnen: Man hat meinen Herrn weggenommen...» (Joh, 20, 13).

Mit einer Stelle aus der Apostelgeschichte wollen wir die Berichte der Evangelien ergänzen. Nach der Aufnahme Jesu in den Himmel widerfährt den Aposteln dies: «Während sie unverwandt ihm nach zum Himmel emporschauten, standen plötzlich zwei Männer in weißen Gewändern bei ihnen und sagten: Ihr Männer aus Galiläa, was steht ihr da und schaut zum Himmel empor? Dieser Jesus, der von euch ging und in den Himmel aufgenommen wurde, wird ebenso wiederkommen, wie ihr ihn habt zum Himmel hingehen sehen» (Apg 1, 10f).

Unsere nur auswahlhafte Addition von durchweg bekannten Bibelstellen kann niemanden überraschen, der den Religionsunterricht besucht hat. Es mögen aber die versammelten Verse bewußt machen, welche Fülle von Erzählungen und Erwähnungen, die sich auf die Engel beziehen, in der Bibel zu verzeichnen ist. Auffallen wird auch, daß die einzelnen Stellen verschiedene Zusammenhänge aufweisen. Die Empfängnis Jesu, seine Geburt, sein Leben, sein Sterben und seine Auferstehung sind begleitet von Engeln; in seiner Lehrtätigkeit nimmt Jesus immer wieder Bezug auf sie, sie sind ihm und seinen Zeitgenossen ganz selbstverständlich.

Daraus ergeben sich doch einige berechtigte Fragen für jeden, der die Bibel liest, wie sie dasteht, unabhängig ob in Griechisch oder Latein, in Luthers Übersetzung und allen Revisionen oder in neuen deutschen textnahen Wiedergaben: Ist eine Deutung wirklich befriedigend, die die Engel als Sprachmodus in einem dämonologischen Weltbild darstellt, das wir angeblich längst überwunden haben?

Kann man nach der Zusammenschau all dieser Stellen so einfach das Bewußtsein Jesu in dieser Sache auf die übliche pharisäische Vorstellungswelt und Bildersprache zurückführen? Drängt sich nicht vielmehr die Frage nach der Existenz von Engeln auch in unserer Zeit, in unserem Weltverständnis auf? Was auf den heutigen Leser als kaum nachvollziehbar wirkt: die Engel kehren in den Himmel zurück, der Engel des Herrn setzt sich auf einen Stein… muß das wirklich, als Skandalon für den aufgeklärten Menschen, im Sinne eines zeitgemäßen Verständnisses aus der Schrift eliminiert werden, oder kann man nicht in dieser Ausdrucksweise den Niederschlag eines überwältigenden Ereignisses und Erlebnisses sehen?

Furcht und Schrecken, welche Engel verbreiten, die lichtvollen Eindrücke der Männer in weißen Gewändern, die zumeist plötzlich auftauchen und wie Schnee oder gar wie ein Blitz die Augen blenden – sind sie nicht geradezu hilfloser Ausdruck für ein übermächtigendes Ereignis, das alle Erwartungen, Hoffnungen und Befürchtungen aus den Angeln hebt?

Ohne Anspruch auf erschöpfende Vollständigkeit wollen wir nun, wiederum nach dem Text der Einheitsübersetzung, einige Stellen aus der Apostelgeschichte und den Apostelbriefen aufführen, die sich auf die Engel beziehen.

Wie immer die Vorgänge zu deuten sein mögen, durch welche die von den Hohenpriestern inhaftierten Apostel befreit wurden, für Lukas ist der Urheber nicht von dieser Welt: «Ein Engel des Herrn aber öffnete nachts die Gefängnistore, führte sie heraus und sagte: Geht, tretet im Tempel auf, und verkündet dem Volk alle Worte dieses Lebens!» (Apg 5, 19f)

Ähnliches widerfährt dem von Herodos Agrippa I. gefangengesetzten Petrus: «Plötzlich trat ein Engel des Herrn ein, und ein helles Licht strahlte in den Raum. Er stieß

Petrus in die Seite, weckte ihn und sagte: Schnell, steh auf! Da fielen die Ketten von seinen Händen. Der Engel aber sagte zu ihm: Gürte dich, und zieh deine Sandalen an! Er tat es. Und der Engel sagte zu ihm: Wirf deinen Mantel um, und folge mir! Dann ging er hinaus, und Petrus folgte ihm, ohne zu wissen, daß es Wirklichkeit war, was durch den Engel geschah; es kam ihm vor, als habe er eine Vision. Sie gingen an der ersten und an der zweiten Wache vorbei und kamen an das eiserne Tor, das in die Stadt führt; es öffnete sich von selbst. Sie traten hinaus und gingen eine Gasse weit; und auf einmal verließ ihn der Engel» (Apg 12, 7-10).

Wenn selbst ein so namhafter Fundamentalist wie Billy Graham dieser Stelle eine existentiale Interpretation angedeihen läßt, braucht man keine Skrupel zu haben, wenn man ein allzu wörtliches Verständnis jeder Einzelheit einer solchen Erzählung nicht nachzuvollziehen vermag. Offenbar zielt die so deutliche Ausschmückung darauf ab, ein überwältigendes Erlebnis der Befreiung, das man menschlich nicht erklären kann, zu unterstreichen. Grahams Kommentar dazu lautet: «Viele Erfahrungen im Alten und im Neuen Testament erwuchsen aus der Gefangenschaft von Knechten Gottes, die Gott veranlaßte, entweder direkt einzugreifen oder durch seine Engel zu intervenieren. Auch viele Menschen in unseren Tagen, die von den Ketten der Depression gebunden sind, können neuen Mut fassen und an Befreiung glauben.» [9]

Wer mit einer gewissen Offenheit die Bibel liest, dem kann bei solchen Stellen bewußt werden: Ein Beweis, wie ihn aufgeklärtes Denken zu fordern geneigt ist, kann grundsätzlich für Engelerscheinungen nicht erbracht werden. Also sind wir auf Deutungen verwiesen, was mit solchen Erzählungen, die sicherlich nicht in betrügerischer Absicht in die Bibel eingefügt sind, eigentlich gemeint sein mag. Dabei können sich zwei Gefährdungen einstellen. Das starre Festhalten am Wortlaut, verbunden oft mit von der Kunst geprägten Vorstellungen vom gefiederten Jüngling ist die eine, und die andere besteht im Auflösen der Engelidee überhaupt in eine Chiffre für günstige Umstände.

Es gibt ja auch noch Zwischenpositionen. Wer es ablehnt, in jedem Bericht von Engelerscheinungen unmittelbar fotografierbare Wesen zu sehen, die in göttlichem Auftrag vom Himmel herabsteigen, der muß nicht schon grundsätzlich und radikal die Idee geistiger Mächte, die in dieser Welt wirksam sind, abweisen.

Ein anderes Beispiel aus der Apostelgeschichte zeigt, daß die Bibel den Ausdruck «Engel» auch im übertragenen Sinn verwendet. Als Stephanus vor den Hohen Rat geführt wurde, «erschien ihnen sein Gesicht wie das Gesicht eines Engels» (Apg 6, 15). Dahinter steht aber – und das gilt es nicht zu vergessen – die Vorstellung von einem erhabenen höheren Wesen. Derselbe Stephanus erinnert seine jüdischen Glaubensbrüder daran, daß Gott den Mose geschickt hat «durch die Hand des Engels, der ihm im Dornbusch erschien» (7, 35).

Schon im nächsten Kapitel der Apostelgeschichte ist es wiederum «ein Engel des Herrn», der Philippus mit dem Äthiopier zusammenführt (8, 26ff). Dabei muß nicht immer das Wort «Engel» verwendet werden, wenn es zum Beispiel in diesem Zusammenhang heißt: «Und der Geist sagte zu Philippus» (8, 29). Ein Engel ist es auch, der die Bekehrung des Hauptmanns Kornelius herbeiführt, und zwar ausdrücklich über ein visionäres Erlebnis (Apg 10, 3-7). Ebenso wird der Tod des Herodes infolge Gotteslästerung einem Engel zugeschrieben: «Im selben Augenblick schlug ihn ein Engel des Herrn, weil er nicht Gott die Ehre gegeben hatte» (12, 23). Als Führer zum Guten dagegen wirkt der Engel im Traum auf Paulus ein, welcher der wegen eines Sturms in Panik geratenen Schiffsmannschaft Mut zuspricht: «Denn in dieser Nacht ist ein Engel des Gottes, dem ich gehöre und dem ich diene, zu mir gekommen und hat gesagt: Fürchte dich nicht, Paulus!» (Apg 27, 23)

Die bereits erwähnte Erzählung von der Befreiung des Petrus hat noch einen zweiten Teil, in dem abermals vom «Engel» die Rede ist, aber in einem ganz anderen Sinn. Petrus klopft an die Tür des Hauses, in dem er die Glaubensgenossen versammelt weiß, und da «kam eine Magd namens Rhode, um zu öffnen. Sie erkannte die Stimme des Petrus, doch vor Freude machte sie das Tor nicht auf, sondern lief hinein und berichtete: Petrus steht vor dem Tor. Da sagten sie zu ihr: Du bist nicht bei Sinnen. Doch sie bestand darauf, es sei so. Da sagten sie: Es ist sein Engel» (Apg 12, 13-15). Nicht vom «Engel des Herrn» ist hier die Rede, sondern von «seinem Engel». Kirchenväter schon haben sich darüber Gedanken gemacht. Die einen sehen darin Petrus' Schutzengel, der in seiner Gestalt erscheint und damit den Tod des Petrus anmeldet, andere erkennen darin eher das antike vorchristliche Dual, das dem irdischen Menschen entsprechende geistige Urbild in der jenseitigen Welt.

Dieses kleine Beispiel zeigt, daß man selbst innerhalb der Bibel mit dem «Engel» vorsichtig umgehen muß und nicht stets dasselbe darunter verstehen darf. Das Bild vom Engel ist nicht eindeutig, sondern für Deutungen offen. Die notwendige Präzision bedeutet aber keineswegs, daß man schon all das eliminieren muß, was mit dem Bild vom Engel umschrieben wird. Es läuft zwar dem akademischen Zeitgeist und der wissenschaftlichen Weltanschauung zuwider, doch kommt es gerade darauf an, die Dimension des Erlebens wieder zu verlebendigen, der seit Jahrtausenden Bild und Idee des Engels Ausdruck verliehen haben.

Die Problematisierung der Engel seitens der Theologen und Frommen ist nicht erst eine Folge der Aufklärung. Lukas berichtet nämlich im 23. Kapitel der Apostelgeschichte von einer schwierigen Situation, die Paulus vor dem Hohen Rat zu meistern hat. Angesichts der Menge seiner Gegner versucht er, diese zu spalten, die Pharisäer und die Sadduzäer gegeneinander aufzubringen – und es gelingt. «Es erhob sich ein lautes Geschrei» (23, 9), heißt es da, und Anlaß ist die Bemerkung des Paulus: «wegen der Hoffnung und wegen der Auferstehung der Toten stehe ich vor Gericht» (23, 6). Erklärend bemerkt die Apostelgeschichte – und darauf kommt es jetzt an: «Die Sadduzäer behaupten nämlich, es gebe weder eine Auferstehung noch Engel noch Geister, die Pharisäer dagegen bekennen sich zu all dem» (Apg 23, 8). Diese Grundspannung läßt sich auch auf die heutigen theologischen Diskussionen übertragen.

Nicht immer einheitlich werden die Fragen beantwortet, die Hinweise auf Engel in den Apostelbriefen aufwerfen. Wenigstens zwei in der Theologiegeschichte wichtige Themen seien hier mit einigen Textstellen belegt.

Die Unterordnung aller geschöpflichen Wesen, auch der
Engel, der Mächte und Gewalten, unter Christus ist das
eine Thema. Zunächst richten sich entsprechende Äußerungen zwar gegen die von Gott abgefallenen Mächte,
aber dabei wird auch deutlich, daß Christus der Herr aller
Kreaturen ist, auch der in der Gnade Gottes stehenden.
«Weder Tod noch Leben, weder Engel noch Mächte,
weder Gegenwärtiges noch Zukünftiges, weder Gewalten
der Höhe oder Tiefe noch irgendeine andere Kreatur können uns scheiden von der Liebe Gottes, die in Christus
Jesus ist, unserem Herrn», heißt es im Römerbrief (8, 38f).
Im Epheserbrief (1, 21) wird Christus bezeichnet als erhoben «hoch über alle Fürsten und Gewalten, Mächte und
Herrschaften und über jeden Namen, der nicht nur in dieser Welt, sondern auch in der zukünftigen genannt wird.»
Von daher begründet sich, weshalb das theologische Kapitel der Angelologie ein Teil der Schöpfungslehre ist und
der Christologie nicht gleichgeordnet sein kann. Denn nur
Christus, heißt es im Kolosserbrief, «ist das Ebenbild des
unsichtbaren Gottes, der Erstgeborene der ganzen Schöpfung. Denn in ihm wurde alles erschaffen im Himmel und
auf Erden, das Sichtbare und das Unsichtbare, Throne,
Herrschaften, Mächte und Gewalten; alles ist durch ihn
und auf ihn hin geschaffen» (1, 15f). Und so erklärt sich
auch die Kritik des Paulus an einer Engelverehrung, die
diesem Unterordnungsverhältnis widerspricht (Kol 2, 18),
eine im Zusammenhang mit dem Streit um das Engelwerk
öfters herangezogene Stelle. Entsprechend im Hebräer-
brief: «Sind sie nicht alle nur dienende Geister, ausge-
sandt, um denen zu helfen, die das Heil erben sollen?»
(Hebr 1, 14) Im ersten Petrusbrief heißt es zu diesem
Zusammenhang von Christus, «der in den Himmel gegangen ist; dort ist er zur Rechten Gottes, und Engel, Gewalten und Mächte sind ihm unterworfen» (1 Petr 3, 22).
Unser zweites Thema ergibt sich aus den eben zitierten
Briefstellen: die in der Theologiegeschichte so folgenreiche Systematisierung der Engelscharen zu bestimmten
Hierarchien. Wie noch darzustellen sein wird, hat der in
der Literatur als Pseudo-Dionysios Areopagita geführte
Theologe die im Alten und im Neuen Testament vorkom-
menden Bezeichnungen für die geistigen Mächte in ein

System gebracht, das sich neuplatonischer Anregung verdankt: die dreifache Triade der neun Engelchöre, die er folgendermaßen ordnete: Serafim, Cherubim, Throne; Mächte, Herrschaften, Gewalten; Fürstentümer, Erzengel, Engel.

Besonders zahlreiche Engelbezüge weist die Offenbarung des Johannes auf, und mit ihnen verbinden sich besondere exegetische Probleme. Schon der erste Vers nennt einen Engel als Mittler der Botschaft: «Offenbarung Jesu Christi, die Gott ihm gegeben hat, damit er seinen Knechten zeigt, was bald geschehen muß; und er hat es durch seinen Engel, den er sandte, seinem Knecht Johannes gezeigt» (Offb 1, 1; vgl. 17, 3).

Ungezählte Dichter, Künstler, Musiker haben sich von den Schauungen des Sehers, der sicherlich keine «Informationen» vermitteln wollte, inspirieren lassen. Einige der so anregenden Stellen wollen wir herausgreifen.

Sind die «Engel der Gemeinden» (Offb 1, 20–3, 14) nun die Bischöfe, oder handelt es sich um Schutzmächte von Kollektiven? Diese unentschiedene Frage erwähnen wir der Vollständigkeit halber. Die vierundzwanzig Ältesten (4, 4 u.ö.) gelten als Thronrat aus Engeln, die sieben Geister vor Gottes Thron (1, 4 u.ö.) werden auch als die sieben Erzengel verstanden (vgl. Tob 12, 15). Die vier Wesen (4, 6; vgl. Ez 1, 4-21) gelten als die Engel, die das Dreimalheilig singen (4, 8; vgl. Jes 6, 2f): «Und jedes der vier Lebewesen hatte sechs Flügel, außen und innen voller Augen. Sie ruhen nicht, bei Tag und Nacht, und rufen: Heilig, heilig, heilig ist der Herr, der Gott, der Herrscher über die ganze Schöpfung; er war, und er ist, und er kommt» (Offb 4, 8). Die Symbolik der vier Evangelisten wird von diesen vier Wesen entlehnt: «Das erste Lebewesen glich einem Löwen, das zweite einem Stier, das dritte sah aus wie ein Mensch, das vierte glich einem fliegenden Adler» (Offb 4, 7; vgl. Ez 1, 5ff).

Die in der Scholastik beliebte Frage nach der Zahl der Engel wird von diesem Buch angeregt: «Ich sah, und ich hörte die Stimmen von vielen Engeln rings um den Thron und um die Lebewesen und die Ältesten; die Zahl der Engel war zehntausendmal zehntausend und tausendmal tausend» (Offb 5, 11; vgl. Dan 7, 10), was nur unzählig

bedeuten kann. Die sieben Engel mit den Posaunen (8, 2 –
11, 19) künden die Zeichen der Endzeit; der Straßburger
Engelspfeiler ist eine der berühmtesten Darstellungen.
Der Engel mit der Räucherpfanne, von Olivier Messiaen
musikalisch gestaltet, bringt im Wohlgeruch «die Gebete
aller Heiligen vor Gott» (8, 3). Das zwölfte Kapitel nimmt
das Thema des Engelsturzes auf – die berühmte Bach-
Kantate «Und es erhub sich ein Streit» entnimmt den Text
dieser Stelle: «Da entbrannte im Himmel ein Kampf;
Michael und seine Engel erhoben sich, um mit dem Drachen zu kämpfen. Der Drache und seine Engel kämpften,
aber sie konnten sich nicht halten, und sie verloren ihren
Platz im Himmel. Er wurde gestürzt, der große Drache,
die alte Schlange, die Teufel oder Satan heißt und die
ganze Welt verführt; der Drache wurde auf die Erde
gestürzt, und mit ihm wurden seine Engel hinabgeworfen»
(Offb 12, 7-9).
Mit der Schau des Neuen Jerusalem beschließen wir diese
Zitate. Von theologischer Bedeutung ist dabei die Aussage des Engels über die eigene Geschöpflichkeit:
«Und es kam einer von den sieben Engeln, die die sieben
Schalen mit den sieben Plagen getragen hatten. Er sagte
zu mir: Komm, ich will dir die Braut zeigen, die Frau des
Lammes. Da entrückte er mich in der Verzückung auf
einen großen, hohen Berg und zeigte mir die heilige Stadt
Jerusalem, wie sie von Gott her aus dem Himmel herab-
kam, erfüllt von der Herrlichkeit Gottes. Sie glänzte wie
ein kostbarer Edelstein, wie ein kristallklarer Jaspis (21, 9-
11). [...]
Und der Engel, der zu mir sprach, hatte einen goldenen
Meßstab, mit dem die Stadt, ihre Tore und ihre Mauer
gemessen wurden (21, 15). [...]
Einen Tempel sah ich nicht in der Stadt. Denn der Herr,
ihr Gott, der Herrscher über die ganze Schöpfung, ist ihr
Tempel, er und das Lamm. Die Stadt braucht weder
Sonne noch Mond, die ihr leuchten. Denn die Herrlichkeit
Gottes erleuchtet sie, und ihre Leuchte ist das Lamm (21,
22f). [...]
Und er zeigte mir einen Strom, das Wasser des Lebens,
klar wie Kristall; er geht vom Thron Gottes und des Lam-
mes aus. Zwischen der Straße der Stadt und dem Strom,

hüben und drüben, stehen Bäume des Lebens. Zwölfmal tragen sie Früchte, jeden Monat einmal; und die Blätter der Bäume dienen zur Heilung der Völker. Es wird nichts mehr geben, was der Fluch Gottes trifft. Der Thron Gottes und des Lammes wird in der Stadt stehen, und seine Knechte werden ihm dienen. Sie werden sein Angesicht schauen, und sein Name ist auf ihre Stirn geschrieben. Es wird keine Nacht mehr geben, und sie brauchen weder das Licht einer Lampe noch das Licht der Sonne. Denn der Herr, ihr Gott, wird über ihnen leuchten, und sie werden herrschen in alle Ewigkeit. Und der Engel sagte zu mir: Diese Worte sind zuverlässig und wahr. Gott, der Herr über den Geist der Propheten, hat seinen Engel gesandt, um seinen Knechten zu zeigen, was bald geschehen muß.
Siehe, ich komme bald. Selig, wer an den prophetischen Worten dieses Buches festhält.
Ich, Johannes, habe dies gehört und gesehen. Und als ich es hörte und sah, fiel ich dem Engel, der mir dies gezeigt hatte, zu Füßen, um ihn anzubeten. Da sagte er zu mir: Tu das nicht! Ich bin nur ein Knecht wie du und deine Brüder, die Propheten, und wie alle, die sich an die Worte dieses Buches halten. Gott bete an!» (22, 1-9; vgl. 19, 10)

UNVEREINBARE WELTBILDER

Ein Blick in die Geistesgeschichte macht uns auf einen bemerkenswerten Sachverhalt aufmerksam. Die Existenz von Engeln war, zum Beispiel, für einen englischen Landmann des 14. Jahrhunderts eine unbefragte Selbstverständlichkeit; die Engel begleiteten sein Leben von der Geburt bis zum Tod und in allen Alltäglichkeiten. Die Engel, und nicht minder die Dämonen, waren im Bewußtsein des englischen Bauern viel stärker präsent als etwa das Volk der Franzosen, obwohl Englands König gegen Frankreich Krieg führte. Daß nun die Franzosen oder gar noch entlegenere Völkerschaften für unseren englischen Landmann des 14. Jahrhunderts nicht existent waren, berührte natürlich die Existenz der Franzosen an sich überhaupt nicht, so wenig wie die des amerikanischen Kontinents vor seiner Entdeckung.

Bis zur Aufklärung war die Existenz der Engel in aller Regel unbestritten, und nur von dieser Selbstverständlichkeit her kann man verstehen, daß die klügsten Geister, die die Geschichte des Denkens kennt, sich ausführliche, manchmal geradezu ausufernde Gedanken über die Beschaffenheit der Engel machen konnten.

Man mag sich nun fragen, wie es wohl dazu kam, daß keiner unserer Zeitgenossen die Existenz der Franzosen oder des amerikanischen Kontinents leugnen würde, daß aber denselben Zeitgenossen in aller Regel die Engel aus dem Bewußtsein geschwunden sind. Ein solcher Bewußtseins- und Überzeugungswandel ist ein spannendes Phänomen. Und eine Frage für sich wäre es, wie groß der damit verbundene Fortschritt der Menschheit eigentlich ist. Drehen wir das Problem einmal um, so läßt sich fragen: Genügt es denn zum Aufweis einer Wirklichkeit, daß etwas im Bewußtsein vorhanden ist? Beispiel: Ufonen mit geistbegabten Insassen. Genügt dazu schon, daß so mancher Nobelpreisträger von der Existenz der Außerirdischen überzeugt ist? Das genügt gewiß nicht – es kann aber nachdenklich machen.

So wird man auch die Überzeugung von der Existenz von Engeln, den Glauben an sie und das Gebet zu ihnen nicht schon von vornherein mit einer Wirklichkeit verwechseln dürfen, die ja von unserem Bewußtsein unabhängig zu sein hätte. Aber macht es nicht nachdenklich, daß jahrtausendelang das Vorhandensein von uns überlegenen Wesenheiten angenommen, mehr noch, ihr Wirken erfahren wurde, daß einige Begnadete – so empfanden sie es jedenfalls – persönlichen Kontakt zu den Engeln hatten? Warum sollten wir mit dieser Wirklichkeit, mit dieser Erfahrung nichts mehr anfangen können?

Mit großem Optimismus hat die Aufklärung der menschlichen Vernunft die Aufgabe übertragen, die Befreiung aus selbstverschuldeter Unmündigkeit zu vollziehen, durch die Orientierung an der eigentlichen «Natur» des Menschen den Fortschritt der Menschheit zu befördern. Diese letztinstanzliche Vernunft wollte mit einer an den Naturwissenschaften orientierten Erkenntnismethode die Wirklichkeit erfassen. Sie hat sich, naturgemäß, auf das Zählbare, das Meß- und Wägbare beschränkt. Der Bereich der traditionellen Metaphysik – und mit ihr die Engel – hat seither einen wachsenden Terrainverlust hinnehmen müssen. Spott und Ironie haben bei diesem Prozeß keine geringere Rolle gespielt als die abstrakte Argumentation. Ein Beispiel dafür ist Voltaire, der in seinem «Philosophischen Wörterbuch»[10] mit enzyklopädischem Elan die religions- und theologiegeschichtlichen Kenntnisse seiner Zeit zum Thema «Engel» zusammenfaßt, um dann bei der Frage nach der Leiblichkeit mit folgender Bemerkung aufzuwarten: «Wie sollten [die Engel] keine Leiber gehabt haben, da sie doch tranken und aßen, und da die Einwohner von Sodom doch die Sünde der Päderastie mit den Engeln begehen wollten, die zu Lot kamen?»

Johann Peter Hebel, der sich als Theologe dem von Voltaire geprägten Zeitgeist ausgesetzt sah, fragte schon 1787 in seinen religionsphilosophischen Betrachtungen[11] melancholisch: «warum der Glaube an einen Verkehr der Engel auf der Erde fast ganz verschwunden ist, während der Teufelsglaube noch kräftig sich behauptet? [...] wir sind ausgegangen aus dem lieblichen Paradies, wo noch die Elohim in der Abendkühle unter den Bäumen wandeln, und der Cherub der Aufklärung steht an der Pforte und läßt uns nicht mehr hinein –, um was ist's besser um uns geworden? Blicken wir nicht noch über die Planken hinein und sehnen uns zurück? Warum bieten wir so gerne den Dichtern die Hand, die uns durch unbewachte Seitenpförtchen wieder auf einen Augenblick hineinführen? […] Christus selber und seine Apostel, auch damals noch, als sie den Heiligen Geist empfangen hatten, der sie in alle Wahrheit leitete, begünstigten in ihrer Lehre den Glauben an den Einfluß guter und böser Geister mehr, als sie ihm entgegenarbeiteten. Glaubten er und sie selber dran, so werden wir wohl auch keine andere Wahl haben. Oder wäre der gemeine und gemeinste Mann en gros jetzt gereifter und empfänglicher für die reine trockene Wahrheit ohne Hülle, als damals die Juden, Griechen und Römer, bereitwilliger seine Vorurteile abzulegen, und wir sicherer, daß er nicht mit seinen Irrtümern auch die Wahrheit wegwerfen würde, die sich in jene mischt, wie das Licht in die Finsternis in der milden Dämmerung? Das Fortrücken in der Kalenderjahrzahl macht wohl den Menschen, aber nicht die Menschheit reifer. Soviel von den Geistern.»

Der evangelische Prälat und Dogmatikprofessor zu Karlsruhe hat also schon vor mehr als 200 Jahren unser Problem umrissen. Den Verfall der Engelidee, selbst in der Theologie, konnte Johann Peter Hebel aber nicht aufhalten.

Mitte des 19. Jahrhunderts nähert sich der aufgeklärte Jenaer Theologe Carl August Hase[12] unserem Thema poetisch-ironisch: «Die Engel, deren Flügel nur in den Sagen der Vorzeit rauschen, und die nur einmal im Morgengrauen der Auferstehung mit flüchtigem Worte eintreten in ein welthistorisches Ereignis, ihr Dasein ist weder Gedicht noch Geschichte, sondern schwebt in anmutiger Dämmerung zwischen beiden. Sie beleben die schweigende Welt um uns her, wer ein Herz hat für das Schöne und an Ideale glaubt, mag gern an Engel denken. […] unsere eigene Zukunft und die Vorstellung verklärter Freunde kleidet sich in das Bild der Engel. Das Andenken einer Mutter oder sonst einer geliebten Seele wird zum Schutzengel in der Stunde der Versuchung. […] Die Subtilitäten der Scholastik sind […] an einen ganz fremdartigen Stoff gerathen und die Engel dadurch zu metaphysischen Fledermäusen geworden: sie sind vielmehr zu versinnlichen, zu individualisieren, dem Dichter und dem Maler gehören sie an, diesem zur idealen Darstellung jugendlicher und kindlicher Schönheit. Die Engel des Thomas Aquinas sind gar ruppige Wesen gegen die beiden Himmelskinder, die auf ihre Ärmchen gestützt zu Rafaels jungfräulicher Gottesmutter sinnend aufschaun, das Schönste, was die Welt sah, abspiegelnd in ihren Kinderaugen. Die Kunst kann so wenig den Himmel darstellen ohne Engel, als einen Frühling ohne Blumen.» Wir haben es also nicht mit einem neuen Phänomen zu tun, ja man könnte geradezu eine Geschichte der Klage über den Verlust des Engels schreiben. Ein besonderes Kapitel würde darin der Streit um Rudolf Bultmann einnehmen. Die mit seinem Namen verbundene «Entmythologisierung» schien endgültig metaphysisch-religiöse Deutungen der Welt beseite geschoben und die «metaphysischen Fledermäuse» auf dem Müllplatz der Ideengeschichte archiviert zu haben. Typisch für diesen erstrangigen Einschnitt im neuzeitlichen Denken sind die berühmten Sätze Bultmanns[13]: «Erledigt ist durch die Kenntnis der Kräfte und Gesetze der Natur *der Geister- und Dämonenglaube.* Die Gestirne gelten uns als Weltkörper, deren Bewegung eine kosmische Gesetzlichkeit regiert; sie sind für uns keine dämonischen Wesen, die den Menschen in ihren Dienst versklaven. Haben sie Einfluß auf das menschliche Leben, so vollzieht sich dieser nach verständlicher Ordnung und ist nicht Folge ihrer Bosheit [...] Man kann nicht elektrisches Licht und Radioapparat benutzen, in Krankheitsfällen moderne medizinische und klinische Mittel in Anspruch nehmen und gleichzeitig an die Geister- und Wunderwelt des Neuen Testaments glauben.» Das Lebenswerk des Marburger evangelischen Theologen Bultmann soll nicht auf diese wenigen Sätzen verkürzt werden. Aber ebenso deutlich ist zu sagen, daß in Bultmanns Weltbild eine Negation der Existenz geistiger Wesen vollzogen wird, die sich allenfalls aus den Plausibilitäten rechtfertigt, die einer mechanistischen Sicht der Welt entsprechen. Innerhalb dieser Denkstruktur sind Engel so wenig «beweisbar» wie ihre Existenz «widerlegbar» ist.

Diese Denkrichtung ist auch in der katholischen Theologie heimisch geworden. Eine Art Spätaufklärung macht sich in theologischen Handbüchern breit; die Leugnung der Engel überrascht da kaum noch. Um ein Beispiel zu geben: Im katholischen Neuen Handbuch theologischer Grundbegriffe ist eher die Aufklärung der Bezugsrahmen als die Schriften der Kirchenväter, wenn es unter dem Stichwort «Engel/Teufel» [14] ironisch heißt:

«Im 18. Jh. hat Voltaire für den Geisterglauben nur noch Spott und Hohn übrig. Er weiß um den Ursprung des elaborierten westlichen Geisterglaubens in der Zeit des nachbiblischen Frühjudentums, kennt die Engelsturz-Mythologie des außerbiblischen Henochbuches und leitet die Dämonologie aus persischen und indischen Quellen her. An eine universale, über die Menschen hinausreichende Kette der Geschöpfe [...], in der übermenschliche Zwischenwesen ihren Platz haben, glaubt er nicht mehr. Heute teilen diese Stellungnahme weite Kreise der Gebildeten in aller Welt. [...] Im 17. und endgültig im 18. Jh. nimmt das intellektuelle, vor allem von der Aufklärung bestimmte Westeuropa Abschied von der Welt der Geister. Dieser Abschied bedeutet einen völligen Umbau des Weltbildes; war dieses bisher dämonologisch, so wird es nun mechanistisch.» Hier zeichnet sich ein Bruch im abendländischen Denken ab, der theologiegeschichtliche Dimensionen hat.

Wer sich gegen den geschilderten Zeitgeist stellt, kann sich nicht einfach auf Traditionen und alte Lehräußerungen stützen. Um ernstgenommen zu werden, bedarf es einer tieferen Begründung und einer Argumentation, die über die simple Konfrontation von «gibt's die Engel: ja oder nein?» hinausführt. Einige der wenigen Engelfreunde sollen hier zu Wort kommen mit ihren Argumenten, warum sie an Existenz und Wirken der Engel festhalten. Dabei geht es ihnen in erster Linie um die geistigen Hintergründe.

Der Kirchenhistoriker und Schriftsteller Walter Nigg[15] kennzeichnet die antimetaphysische Grundhaltung unserer Gegenwart:

«Für den Menschen von heute bedeuten die Engel eine Verlegenheit. Ratlos hört er den Berichten über ihre Erscheinungen zu; er kann sie nicht mehr in seine Seele

aufnehmen. Das metaphysische Unvermögen der Neuzeit steigert sich hierin zu einer wahren Leugnung der Engel. Der moderne Mensch hat keine Beziehung mehr zu den himmlischen Boten, sie sind für sein skeptisches, nur auf den Nutzen bedachtes Denken reine Einbildung und gehören höchstens noch dem Bereich des Märchens an.» Eine theologische Therapie oder gar eine Therapie der Theologen ist kein einfaches Unterfangen. Der seelenkundige evangelische Systematiker Adolf Köberle[16] verweist wie Nigg auf unsere eingeengte Blickweise und plädiert für deren Überwindung: «Wenn ein Merkmal für den Geist der Neuzeit charakteristisch ist, dann ist es die ungeheure Intensität, mit der wir die vordergründigen, habhaften Dinge des Lebens empfinden und in uns aufnehmen. [...] In dem Maße freilich, als diese sichtbare Erscheinungswelt über uns Gewalt gewonnen hat, sind wir blind geworden für das Reich der Seele, für die geheimnisvollen Kräfte des Übersinnlichen, und gleich gar für die Realität einer transzendenten göttlichen Welt. In besonderer Weise hat sich die metaphysische Erblindung ausgewirkt im Blick auf den Erlebnisbereich von Engel und Dämon. Die Skepsis gegenüber diesen überirdischen Mächten reicht heute weit hinein bis in die Reihen der christlichen Theologie. [...] Angesichts von so viel Skepsis gegenüber einer Welt der höheren Mächte, die Beistand gewährend oder versucherisch auf uns einwirken, hat es keinen Sinn, so etwas wie eine Glaubensforderung im Blick auf die Anerkennung derartiger Realitäten zu erheben. [...] Man muß schon versuchen, durch innere Überführung den kritischen Geist der Neuzeit zu überwinden, so daß er sich wieder zu öffnen wagt für eine Schau, die ihm verloren gegangen ist.»

Der Schriftsteller Alfons Rosenberg hat nicht nur theoretisch die Geschichte der Engelidee dargestellt, er darf sich auch auf eigene Erfahrungen berufen. Von ihm stammen wichtige Schriften, die man nicht außer acht lassen darf, wenn man sich mit der Idee des Engels wirklich befassen will. In einer Auseinandersetzung mit Bultmann und der Entmythologisierung heißt es bei Rosenberg[17]:

«Wenn [...] die Mythen, die die mündliche Überlieferung von der Welt- und Gotteserfahrung eines Volkes darstellen, gesammelt und schriftlich fixiert werden und so das entsteht, was man Mythologie, Mythenwissenschaft nennt, dann befinden wir uns jeweils in der Spätzeit einer Kultur, d. h. in einer Zeit, die auf die hohen Güter, die ein Volk durch seine Besten hervorgebracht, nur noch zurückschauen kann. In einer Spätzeit wie der unseren sind aber die Mythen nicht nur gesammelt und analysiert, sondern auch diffamiert worden. Was im Glauben für heutige Begriffe fremd oder ungewöhnlich erscheint, das wird, meist entwertend, unter dem Oberbegriff Mythos zusammengefaßt. Aus solcher Gesinnung ist schließlich die von Bultmann begründete, einflußreiche theologische Schule entstanden. [...] Bultmann, ein ernster Gelehrter, wollte durchaus ein Christ sein. Nur war er der – irrtümlichen – Anschauung, dies wäre nur unter den von ihm gesetzten Prämissen möglich, ja nur dann hätte der christliche Glaube eine Zukunft. Seine ‹Entmythologisierung› wollte darum eine totale Innerlichkeit begründen und den Glauben gleichsam in eine Ethik verwandeln. Aber die Entwicklung hat schon wenige Jahrzehnte nach seiner Verkündigung erwiesen, daß durch seine Anschauungen der christliche Glaube noch mehr ausgedörrt wurde, zwar verinnerlicht, aber auch abstrahiert, jeder sinnlichen Anschauung beraubt – und dies gerade durch die Ausmerzung der angeblich mythischen Elemente. Es hat sich mit aller Deutlichkeit gezeigt, daß jedenfalls auf diesem Weg die Substanzentleerung des christlichen Glaubens nicht aufzuhalten sein wird.»

ZUR FRÜHEN ANGELOLOGIE

Wer sich auf die Geschichte der theologischen Beschäftigung mit den Engeln von den Apostolischen Vätern bis zu Karl Barth und Karl Rahner einläßt, erlebt manche Überraschung. Die eindrucksvollste Erfahrung für den heutigen Leser, der sich mit der Fülle des nicht leicht zugänglichen und manchmal sogar ermüdenden Materials beschäftigt, ist diese:

Bis zur Aufklärung der Neuzeit hat es offenbar für die christliche Theologie niemals den Anlaß oder gar die Notwendigkeit gegeben, sich mit der Frage auseinanderzusetzen, ob es denn überhaupt Engel gebe. Diese Fragestellung bzw. die Leugnung der Existenz von Engeln ist im wesentlichen ein Phänomen der Neuzeit – allerdings ist die Theologie, wie wir gesehen haben, davon ganz und gar nicht mehr ausgenommen. So erklärt sich die für Nichttheologen recht überraschende Tatsache, daß das außerordentliche Lehramt an keiner Stelle ausdrücklich die Existenz von Engeln als verpflichtendes Glaubensgut verkündet hat. Dieses Problem hatte sich gar nicht gestellt.

Die Aussagen der Konzilien, vom Ersten Nicaenum über das Vierte Lateranum bis zum Ersten Vaticanum, wehren vielmehr gnostische und dualistische Lehren ab, nach denen es neben Gott noch andere Schöpfungsmächte gebe. In der Sprache des Vierten Laterankonzils von 1215: «Firmiter credimus et simpliciter confitemur, quod unus solus est verus Deus, [...] unum universorum principium: creator omnium visibilium et invisibilium, spiritualium et corporalium [...]». – «Wir glauben fest und bekennen mit aufrichtigem Herzen, [...] daß Gott der eine Ursprung aller Dinge ist, der Schöpfer der sichtbaren und unsichtbaren, der geistigen und körperlichen. Er hat in seiner allmächtigen Kraft zu Anfang der Zeit in gleicher Weise beide Ordnungen der Schöpfung aus dem Nichts geschaffen, die geistige und die körperliche, d. h. die Engelwelt und die irdische Welt und dann die Menschenwelt, die gewissermaßen beide umfaßt, da sie aus Geist und Körper besteht.»

Das kirchlich-theologische Anliegen war also die Behauptung des Gottesbildes, die Abwehr einer gottgleichen Gegenmacht, und nicht eine Wesensbeschreibung der Engel.

Nachdem wir das wichtigste Ergebnis bereits vorweggenommen haben, möchten wir nun die geschichtliche Entwicklung der Engelidee im Christentum in geraffter Form nachvollziehen und dabei einige zentrale Aussagen von Kirchenvätern und Theologen zitieren. So interessant Ideengeschichte für den Fachmann sein mag, der Schwerpunkt unseres Interesses liegt auf folgendem: Losgelöst und für sich genommen wirken einzelne Partikel theologischen Denkens und vergangener Weltbilder unverständlich bis lächerlich; erst im Zusammenhang des größeren Traditionsstromes fügen sie sich zu einem Ganzen, von dem aus auch die abweichenden Meinungen ihren Sinn bekommen und verständlich werden.

Seit der Zeit der frühen Kirche liegt uns eine fast unermeßliche Fülle von relevanten Äußerungen vor, sei dies im Zusammenhang einer vom theologischen Systemgedanken ausgehenden Angelologie, sei es in Form von Nebenbemerkungen in einem spirituellen, exegetischen oder liturgischen Kontext. Dabei stellt sich die Geschichtlichkeit des Glaubens und des Nachdenkens darüber nicht nur als Vielfalt dar, sondern auch als eine arge Last. Von den Sprachbarrieren ganz abgesehen, haben wir den Verständnishorizont vergangener Zeiten und Weltbilder zu berücksichtigen, den Entstehungskontext also. Der Gefahr, das Kind mit dem Bade auszuschütten, sind ja nicht wenige erlegen: nämlich zusammen mit dem heute schwer zu vermittelnden Darstellungszusammenhang die Erfahrung des göttlichen Boten selbst wegzuwischen.

Wie heutige Angelologie das Gewicht einer zweitausendjährigen Glaubens- und Theologiegeschichte berücksichtigen muß, so mußte sich auch die beginnende christliche Theologie der Frühzeit ihrer geistig-geistlichen Vorgeschichte stellen. Die ersten christlichen Denker hatten neben den einschlägigen Bibelstellen auch die Apokryphen vor sich, die übrige jüdische Literatur, die volkstümlichen und die gelehrten Überzeugungen nichtbiblischer Religionen. So waren die Kirchenväter so wenig frei von weltanschaulichen Voraussetzungen wie wir es sind, und in diesem Zusammenhang ist insbesondere das philosophische Erbe der Griechen zu nennen. Gerade auch in den Aussagen über Wesen und Wirken der Geisterwelt stoßen wir auf deutlich divergierende Meinungen bei den angesehensten Autoren, und erst der Gang der theologischen Entwicklung, die noch bis ins Hochmittelalter andauert, führt zu einer Klärung, die aber gleichzeitig auch Abstraktion ist – die Bildhaftigkeit verliert sich zusehends, findet allerdings in der Kunst eine Kompensation. Bis in unsere Gegenwart hinein, etwa im Streit um das katholische Opus Angelorum, sind kirchenamtliche Äußerungen in erster Linie Abgrenzung von Strömungen, die als Verschiebung des Schwerpunktes im Glauben und somit als Bedrohung der Substanz empfunden werden.

Es ist wahrlich nicht nur Genuß, sich mit den ausufernden Spekulationen und der scholastischen Allwissenheit auseinanderzusetzen. Doch sollte man einen Erkenntnisgewinn nicht für zu gering einschätzen: sechzehn Jahrhunderte lang konnten Detailstreitigkeiten und Spitzfindigkeiten nur deshalb die Theologen beschäftigen, weil die Engel nicht nur als selbstverständlich vorhanden vorausgesetzt waren, sondern auch noch ernst genommen wurden. Demgegenüber kann man die spätaufklärerische Attitüde, die sich bei einem Teil der Theologen breitgemacht hat, als Arroganz von Spätgeborenen empfinden.

Unser Versuch eines Durchblicks durch die dogmengeschichtliche Entwicklung will wenigstens die Grundlinie aufweisen (wer sich fürs Detail erwärmt, kann sich bei den Historikern und Systematikern kundig machen, etwa bei Georges Tavard im Handbuch der Dogmengeschichte II, 2b, Freiburg 1968, auf den wir uns auch hier stützen).

Es liegt nahe, daß sich das Gewicht großer Namen, des Augustinus (354–430) etwa oder des Thomas von Aquin (1225–1274), auch auf deren Aussagen zu den Engeln legt; in den Liturgien, in Liedern und Gebeten haben ihre Äußerungen bleibende Wirkung, die Theologen lassen sich von den Klassikern inspirieren. Dennoch handelt es sich keinesfalls (auch für Katholiken nicht) um ein Glaubensgut im engeren Sinne. Die Systeme der Spätantike und des Mittelalters sind zwar ernsthafte und ernstzuneh-

mende Versuche, sich an die Wirklichkeit der Engel her-
anzutasten (mit mehr oder auch weniger Selbstbewußtsein
und Überzeugungskraft), aber sie sind in ihrer Zeitgebun-
denheit zu würdigen und gehören nicht zum Zentrum des
Glaubensguts.

Schon die frühen christlichen Denker waren umgetrieben
von der Frage nach dem Bösen und seiner Herkunft.
Angeregt durch biblische und außerkanonische Schriften
ihrer Zeit verknüpften sie diese Frage mit dem Fall der
Engel. Der häufig zu lesende Vorbehalt, hier habe sich ein
persisches oder gnostisches dualistisches Moment in der
Theologie angesiedelt, sollte allerdings nur dort vorge-
bracht werden, wo wirklich im Bösen eine quasi-göttliche
Gegenmacht gesehen wird, die dem Schöpfergott (christlich als creator omnium visibilium et invisibilium verstanden) als nicht untergeordnet, sondern gleichgestellt gesehen wird; dies geschieht allerdings auch heute noch in
weltanschaulichen Sondergruppen.

Der Wesensunterschied zwischen Mensch und Engel ist in
der frühen Zeit nicht immer eindeutig formuliert (die
Frage war auch so eindeutig nicht gestellt worden), wiederum ein Moment, das zwar vom späteren Lehramt
geklärt wurde, aber als Nebenströmung nachwirkt und
sich dabei auf große Namen der frühen Väter beruft. Igna-
tius von Antiochien etwa macht die Bemerkung, durch das
Martyrium würden die Menschen den Engeln gleich. Ob
metaphorisch gemeint oder nicht, in späteren kategorial
denkenden Zeiten blieb eine solche Bemerkung nicht
ohne Folgen. Auch der umgekehrte Gedanke ist früh
grundgelegt und findet sich in neugnostischen Strömungen
der Gegenwart wieder: seinem Wesen nach ist der Mensch
als geistiges Wesen ein gefallener Engel (also keine für
sich stehende Schöpfungskategorie).

Ein besonders nachhaltiges Beispiel für die Bildhaftigkeit,
gleichzeitig für die Psychologie der Kirchenväter sei dem
Hirten des Hermas (2. Jahrhundert) entnommen. Der
Kampf der Geister wird ins Menschenherz verlegt:
«‹Zwei Engel sind beim Menschen›, sagte der Hirte, ‹einer
der Gerechtigkeit und einer der Schlechtigkeit.› ‹Wie
nun›, unterbrach ich, ‹wie, Herr, soll ich ihre Wirkungen
erkennen, da doch beide Engel in mir wohnen?› – ‹Höre›,

erwiderte er, ‹und lerne sie kennen! Der Engel der Gerechtigkeit ist zart, schamhaft, milde und ruhig; wenn dieser in deinem Herzen sich regt, spricht er sogleich mit dir
über Gerechtigkeit, Keuschheit, Heiligkeit, Genügsamkeit, über jegliche gerechte Tat und über jede rühmliche
Tugend. Wenn all dies in deinem Herzen sich regt, dann
wisse, daß der Engel der Gerechtigkeit in dir ist. Denn das
sind die Werke des Engels der Gerechtigkeit. Ihm und seinen Werken vertraue. Betrachte nun auch die Werke des
Engels der Schlechtigkeit. Er ist vor allem jähzornig, verbittert und unverständig, seine Werke sind böse und verführen die Diener Gottes. Wenn also dieser sich in deinem
Herzen regt, dann erkenne ihn an seinen Werken.› [...]
‹Du siehst also›, sprach er weiter, ‹daß es gut ist, dem
Engel der Gerechtigkeit zu folgen, von dem der Schlechtigkeit aber sich abzukehren.›»[18]
Die Frage nach der eigentlichen Sünde der Engel, die im
Anschluß an das Buch Henoch und an Genesis 6 häufig als
geschlechtliche Verfehlung gedeutet wird, führt verständlicherweise weiter zur Frage nach der Leiblichkeit der
Engel. Erst bei Thomas, der die Vorstellung von der reinen Geistigkeit zum Durchbruch bringt, ist die Überlegung, aus welchem Stoff die Engel sind, theologisch an ein
Ende gebracht (jedoch nicht gänzlich, wie uns das New
Age beweist, das viele Probleme von vorne aufzurollen
bereit ist, vermutlich weil es außerhalb des Traditionsstroms steht).
Mit anderen Vätern sieht Justinus der Märtyrer (2. Jahrhundert) im alttestamentlichen «Engel Jahwes» das Erscheinen Christi. Nach den Apokryphen zum Neuen
Testament wurde Jesus, bevor er Mensch wurde, ein Engel
unter Engeln, und als solcher brachte er, der Engel Gabriel, seiner Mutter die Verkündigung. In einer gnostischen
Wendung wird diese Vorstellung zur Bedrohung der
kirchlichen Lehre: Christus als ein geschöpfliches Wesen.
Die erste christliche Angelologie stammt von Irenäus von
Lyon (gest. um 202), der mit solchem Gedankengut zu tun
hat. Hier bereits wird die Geistigkeit der Engel betont, mit
der polemischen Zuspitzung, Christus sei nicht (reiner
Geist, also) Engel geworden, sondern (in irdischer Leiblichkeit) Mensch. Mit Paulus wird Christus den Engeln

übergeordnet, ohne daß dabei schon eine Wesensbeschreibung der Engel vorgelegt wird. Es finden sich aber Ansätze zum Hierarchiegedanken.

Gegen die Vorstellung von Engelleibern wendet sich auch Klemens von Alexandrien (geboren um 140/150). In seiner Hochschätzung außerchristlicher religiöser Erfahrung, zu der wir erst wieder zurückkommen, sieht er einen Zusammenhang zwischen den Schutzdämonen, von denen Platon spricht, und den Schutzengeln der Bibel. Von Klemens stammt das bemerkenswerte Wort: «Der Herr ist es, der den Griechen die Philosophie gibt durch Vermittlung der niederen Engel.» Allerdings herrscht bei ihm auch noch die Vorstellung, Menschen könnten zu Engeln werden. Wichtig für die künftige dogmatische Entwicklung ist seine Überzeugung, daß Gott die Geistwesen ursprünglich gut geschaffen habe, durch die Begabung mit der Willensfreiheit seien sie jedoch vor die Entscheidung zwischen Gut und Böse gestellt; die Folge davon ist für einen Teil der Engel die Abkehr von der göttlichen Schönheit und die Hinwendung zu geschöpflichen Reizen. Klemens interessiert sich bereits für die Erkenntnisweise der Engel und die Einwirkung von Geistwesen auf den Menschen in seiner Leiblichkeit.

Mit Origenes (ca. 185–254) setzen wirkmächtige Denkansätze ein, die der Kirche des Abend- und des Morgenlandes bis in die Neuzeit zur Herausforderung werden. Menschen sind für Origenes inkarnierte Engel, und umgekehrt vermag der Mensch sich emporzuläutern zum Engel. Eine subtile Leiblichkeit (es ist von «denkendem Feuer» die Rede) sei den Engeln zu eigen, die Origenes aber deutlich von menschlicher Leiblichkeit abhebt. Körperlos ist ihm zufolge allein der dreifaltige Gott.

Eine dogmengeschichtliche Zäsur setzt das I. Konzil von Nizäa im Jahre 325. Mit dem dort formulierten Glaubensbekenntnis wird die Vorstellung abgewehrt, es könne noch außer Gott eine Schöpfungsmacht geben, wie dies in antiken Strömungen nahegelegt wird. Die Engel werden dabei zwar nicht eigens benannt, sind aber gemeint mit dem einleitenden Satz: «Wir glauben an den einen Gott, den allmächtigen Vater, Schöpfer aller sichtbaren und unsichtbaren Dinge…», im offiziellen Latein der römischen Kirche «omnium visibilium et invisibilium factorem». Und im Nizäno-Konstantinopolitanischen Glaubensbekenntnis von 381 heißt es dann sinngleich: «Schöpfer des Himmels und der Erde, aller sichtbaren und unsichtbaren Dinge».

Damit wird zum Ausdruck gebracht, daß nichts, außer Gott selbst, anfanglos ist, und alles, was es gibt, von Gott stammt, eben auch das Unsichtbare und der Himmel, worunter die Wirklichkeit der Geistwesen verstanden wird.

Ausdrücklich wird dann 561 auf der Kirchenversammlung von Braga in Portugal dieser Gedanke deutlich gegen die manichäisch-gnostischen Priscillianer gewendet, nach der der Teufel Schöpfer der Materie und Prinzip des Bösen ist, während die Seele als von göttlicher Natur aufgefaßt wird; zur Strafe für frühere Sünden wird die Seele in die Leiblichkeit gebannt (ein durchaus auch bei neognostischen Gruppierungen unserer Gegenwart bekannter Gedanke; Beispiele: Geistige Loge Zürich und Heimholungswerk/ Universelles Leben). Wörtlich heißt es in den Lehrsätzen der Kirchenversammlung von Braga:

«Wer sagt, die Menschenseelen und die Engel bestünden aus Gottes Substanz, wie es manichäische und priscillianische Lehre ist, der sei ausgeschlossen.»

«Wer sagt, der Teufel sei anfangs nicht als guter Engel von Gott erschaffen worden und sei seiner Natur nach nicht ein Werk Gottes, sondern behauptet, er sei aus der Finsternis aufgetaucht und habe keinen Schöpfer, sondern sei selbst das Prinzip und die Substanz des Bösen, wie es manichäische und priscillianische Lehre ist, der sei ausgeschlossen.»

«Wer glaubt, der Teufel habe einige Geschöpfe in der Welt gemacht und er bewirke aus eigener Macht Donner, Blitz, Unwetter und Dürre, wie es Priscillian lehrte, der sei ausgeschlossen.»

Wir haben es hier nicht einfach mit einem ideengeschichtlichen Nebengeleis zu tun, vielmehr wirken solche Vorstellungen über Katharer und Albigenser bis in unsere unmittelbare Gegenwart nach. Die Fragen nach dem Ursprung der Welt und dem Ursprung des Bösen treiben unsere Zeitgenossen nicht weniger um als unsere Vorfahren. Die denkmöglichen Antworten sind begrenzt, die einzelnen Typen der Welterklärung kehren eben wieder, innerhalb und vor allem außerhalb der kirchlichen Entwicklung. Von den zahlreichen amtlichen Äußerungen zur Angelologie, die dogmatisch nicht immer gleich wichtig sind, sei noch auf das Nicaenum II von 787 verwiesen, das die Verehrung von Bildern und damit auch von Engeln erlaubt.

Wir kehren nun zur zeitlichen Entwicklung und zu unserem Ausgangspunkt, der Hochpatristik, zurück. Vom Alten Testament ausgehend, das ja schon den Engelsgesang des Dreimalheilig kennt, wird die Verherrlichung Gottes durch die Engel im Himmel mit dem irdischen Gottesdienst verbunden; fruchtbar wurde dieser Gedanke für die Liturgieentwicklung, namentlich in den östlichen Kirchen. Von der Funktion des Lobgesanges schließen die Väter auf die Erkenntnisfähigkeit der Engel und spekulieren über die Weise und das Ausmaß der Gottesschau; die Denkergebnisse schlagen sich dann auch in der hierarchischen Stufung der Engelchöre nieder. Nachgedacht wird über die Dienste der Engel, an der materiellen Schöpfung und am Menschen; das führt zu ausführlichen Darlegungen über die Funktionen der Schutzengel. Aus dieser Epoche stammt die Idee und Forderung, daß die Existenz des Mönchs engelhafter Art sein soll, eine vita angelica.

Mit der hohen Bedeutung, die den Engeln zugesprochen wird, korrespondieren allerdings auch Übertreibungen. Schon Augustinus sah sich veranlaßt, die Weihe von Engelkirchen abzulehnen. Volkstümliche Verirrungen wurden aber nie von den großen Theologen geteilt, die stets und ausdrücklich – es seien Origenes, Athanasius und Augustinus genannt – zwischen Verehrung und Anbetung unterschieden haben. Doch hat sich die Furcht vor der Verwischung der Grenzen bis heute gehalten, namentlich in der evangelischen Theologie.

Da die Bibel unterschiedliche Bezeichnungen für die Engel und die himmlischen Chöre kennt, aber nirgends eine Ordnung oder ein System dafür entwickelt, bemühen sich die Theologen um eine Klärung. So heißt es bei Hieronymus (ca. 340/350–420) bescheiden:

«Wir wissen, daß außer den Seraphim auch die Throne, die Fürsten, die Mächte, die Kräfte und die Herrschaften, die nach dem Apostel Paulus [Kol 1,16] Gott dienen, daß alle Erzengel, die ihren ursprünglichen Gnadenstand bewahrt haben, heilig sind. Dabei überlassen wir es allein der göttlichen Einsicht, bei den einzelnen den Grad der Heiligkeit zu ermessen. Denn wir wissen nicht, welches die Erzengel sind, die heiliger sind als andere Erzengel, auch nicht, welches die Engel sind, die besser zu sein scheinen als andere Engel. ‹Stern unterscheidet sich von Stern durch die Helligkeit› [1 Kor 15,41]. Da wir die Sterne mit unseren Augen schauen, können wir darüber urteilen, welcher Stern andere an Größe überragt. Über die Engel und Erzengel, über die Fürsten, Throne und Herrschaften, über die Kräfte und die anderen dienstbaren Geister können wir aber, weil wir sie nicht sehen, auch nicht urteilen. [...] Denn wenn wir die Ausdehnung des Meeres und der Sandwüsten, der Gestirne, der Wolken und des Regens nicht zu messen vermögen [...]: wie könnten wir dann begreifen, was das Maß menschlicher Kenntnis überragt?» [19] Die Aussagen der Väter sind selten apodiktisch, vielmehr von großer Ehrfurcht vor den göttlichen Geheimnissen geprägt. Immer noch ist die Leiblichkeit ein Thema, das ja auch von den biblischen Engelserscheinungen nahegelegt wird. Auch der Zeitpunkt der Erschaffung der Engel erregt die Gemüter, aber zu einer einheitlichen Aussage kommt es nicht. Große Denkanstrengungen gelten den Ursachen, dem Zeitpunkt und den Folgen des Engelfalles, und in diesem Zusammenhang werden auch die Versuchbarkeit des Menschen, das Wie und das Warum diskutiert. Mit Augustinus (354–430) erfährt die Angelologie eine gewisse Vereinheitlichung. Von ihm stammt das bedenkenswerte Wort: esse angelos novimus ex fide – daß es Engel gibt, das wissen wir eigentlich nur aus dem Glauben. Im Gottesstaat lesen wir: «Die heiligen Engel erlangen ihre Kenntnis von Gott nicht durch vernehmbare Worte, sondern durch die unmittelbare Gegenwart der unwandelbaren Wahrheit, d.h. durch sein eingeborenes Wort. Und sie wissen um dieses Wort und um den Vater und den Heiligen Geist der beiden und daß dies eine untrennbare Dreifaltigkeit und jede Person in ihr eine Wesenheit ist und dennoch alle zusammen nicht drei Götter sind, sondern ein Gott. [...] Und endlich täuschen sich die Dämonen, die Engel aber niemals.» [20] In einem Brief spricht der Bischof von Hippo, Augustinus, über die Leiber der Engel:

«Wenn wir annehmen, sie hätten Körper, so steht uns das
Wort der Schrift entgegen: ‹Er macht seine Engel zu Geistern› [Ps 103,4]. Nehmen wir aber an, daß sie keine Körper besitzen, so bietet es größere Schwierigkeiten, zu
erklären, wie sie nach der Heiligen Schrift sich ohne Leib
den leiblichen Sinnen der Menschen zeigen und als Gäste
beherbergt werden konnten, wie man ihnen die Füße
waschen, beim Essen und Trinken ihnen dienen konnte.
Eher könnte man der Ansicht sein, die Engel würden in
dem Sinne Geister genannt, in dem die Menschen Seelen
heißen, als daß man glauben möchte, all jene Dinge seien
an ihnen geschehen, ohne daß sie einen Körper hatten.
[...] Mögen nun aber die Engel Körper besitzen, oder mag
jemand imstande sein zu zeigen, wie ohne Körper all jene
Handlungen an ihnen geschehen konnten, so werden doch
in jener Stadt der Heiligen, wo auch die durch Christus
von diesem Geschlecht Erlösten sich auf ewig mit den
Tausenden der Engel vereinigen werden, die von unseren
Sprachorganen kommenden Worte keinen verborgenen
Gedanken kundgeben. Denn in jener himmlischen Genos-
senschaft wird kein Gedanke dem Nächsten verborgen
bleiben können, sondern es wird Zusammenklang und
Eintracht im Lobe Gottes herrschen und sich nicht bloß
im Geiste, sondern auch im geistigen Körper offenbaren.»[21]
Tavard bemerkt zur augustinischen Angelologie: «Augustinus hat [...] die Herzmitte der Engeltheologie auf das
Problem ihrer Erkenntnis verlagert. Die Angelologie ist
jetzt eng verbunden mit der Analyse der intellektuellen
Erkenntnis, des Geistes als eines intellektuellen Fassungs-
vermögens Gottes. Auch in diesem Punkt nahm der große
afrikanische Kirchenlehrer die Scholastik vorweg.»[22]

DIE ENGELORDNUNGEN NACH DIONYSIOS AREOPAGITA

Von zentraler Bedeutung für Theologie, Liturgie und Mystik sind die Schriften des als Dionysios Areopagita firmierenden Autors, dem in der Regel ein «Pseudo-» vorangesetzt wird. Er gibt sich als der in der Apostelgeschichte (17,34) genannte Paulusschüler Dionysios vom Areopag aus, doch ist darin eine literarische Fiktion zu sehen. Man datiert seine griechisch geschriebenen Werke heute auf das Ende des fünften, Anfang des sechsten Jahrhunderts. Seine Identität hat viele Spekulationen ausgelöst. Nicht zuletzt wegen seiner monophysitischen Tendenzen wird er mit Petrus Iberus (Iberien ist hier eine Landschaft im Kaukasus) identifiziert, und die Georgier sind stolz auf ihn. Für den angelologischen Zusammenhang ist seine Schrift «Über die himmlische Hierarchie» hervorzuheben, die bis in die unmittelbare Gegenwart tiefe Wirkungen gehabt hat (noch Papst Johannes Paul II. beruft sich auf Dionysios), wenngleich hinzuzufügen ist, daß dieses folgenreiche Werk inhaltlich nie einen dogmatischen Rang erlangt hat.
Biblische Bezeichnungen, wie sie vor allem in den paulinischen Schriften vorkommen, werden von Dionysios in ein System gebracht, das sich als von außerchristlichen Modellen inspiriert erweist (die Schriften von Plotin, Jamblichos und Proklos, die den antik-heidnischen Kosmos und seine Götter- und Geisterwelt ordnen, haben Dionysios sicherlich angeregt). Die dreifache Triade, aus der sich seine Engelordnung zusammensetzt, steht ohne Zweifel in einem ideengeschichtlichen Zusammenhang mit dem Neuplatonismus (das sollte im übrigen nicht allzu sehr überraschen), aber Dionysios überführt diese Vorstellungen auf originelle Weise ins Christliche. Es lohnt sich, seinen so wirkmächtigen Ausführungen ein wenig zu folgen, wenn auch die Sprache ungewohnt erscheint. Alle Übersetzungen zeigen die Schwierigkeiten einer Übertragung ins Deutsche; Stiglmayr, dessen Version wir zitieren, ist da keine Ausnahme.

In Rücksichtnahme auf unsere geistig-sinnliche Natur habe Gott die Dinge so geordnet, daß wir im Sinnfälligen auch das Unsichtbare erfassen. Die kirchliche Hierarchie sei deshalb nach der himmlischen Hierarchie gestaltet: «Wir sollen nämlich unserer eigenen Natur entsprechend von den heiligsten Gebilden aus zu den einfachen und bildlosen Aufschwüngen und Verähnlichungen erhoben werden. Denn es ist unserem Geiste gar nicht möglich, zu jener immateriellen Nachahmung und Beschauung der himmlischen Hierarchien sich zu erheben, wofern er sich nicht der ihm entsprechenden handgreiflichen Führung bedienen wollte. Und diese findet er darin, daß er die in die äußere Sichtbarkeit tretenden Schönheiten als Abbilder der unsichtbaren Herrlichkeit studiert, darin daß er die sinnlich wahrnehmbaren Wohlgerüche als Typen der geistigen Ausstrahlung und die materiellen Lichter als ein Sinnbild der immateriellen Lichtergießung betrachtet; darin daß er die ausführlichen heiligen Lehrvorträge als einen Widerhall der geistigen, in Beschauung gewonnenen Befriedigung, die Rangstufen der irdischen [kirchlichen] Ordnungen als einen Abglanz des harmonischen und wohlgeordneten Verhältnisses zum Göttlichen, die Teilnahme an der göttlichen Eucharistie als eine Darstellung der Gemeinschaft mit Jesus erkennt. Und das Gleiche gilt von allen übrigen Dingen, welche den himmlischen Naturen auf eine überweltliche, uns aber auf eine symbolische Weise gewährt wird» (I, 3).

Daß in der ostkirchlichen Liturgie diese Vorstellung der Analogie noch immer lebendige Wirklichkeit ist, zeigt das oben zitierte Cherubikón; der gleiche Geist steht hinter dem Verständnis der Ikonen.

Was Dionysios unter «Hierarchie» versteht, definiert er so: «Die Hierarchie ist nach meiner Ansicht eine heilige Stufenordnung, Erkenntnis und Wirklichkeit. Sie will nach Möglichkeit zur Ähnlichkeit mit der Gottheit führen und gemäß den ihr von Gott verliehenen Erleuchtungen in entsprechendem Verhältnis zum Nachbilde Gottes erheben» (III, 1). «Zweck der Hierarchie ist also die möglichste Verähnlichung und Einswerdung mit Gott. [...] Demnach besagt der Ausdruck ‹Hierarchie› eine gewisse ganz heilige Institution, ein Abbild der urgöttlichen Schönheit, welches in hierarchischen Abstufungen und Erkenntnissen die Mysterien der entsprechenden Erleuchtung heilig auswirkt und Verähnlichung mit dem eigenen Urbild, soweit es nur immer geschehen kann, hervorbringt. Denn für jedes Mitglied der Hierarchie besteht die Vollendung darin, daß es seinem zuständigen Grade entsprechend zum Nachbild Gottes erhoben werde, ja daß es wahrhaftig, was noch göttlicher als alles andere ist, wie die Schrift sagt, zu einem Mitwirkenden mit Gott werde und in sich selbst die göttliche Wirksamkeit nach Möglichkeit zeige und hervortreten lasse. Durch die Stufenordnung der Hierarchie ist es bedingt, daß die einen gereinigt werden, die anderen reinigen, daß die einen erleuchtet werden, die anderen erleuchten, daß die einen vollendet werden, die anderen vollenden» (III, 2). «Nachdem wir die Hierarchie an und für sich richtig, wie ich denke, nach ihrem Wesen bestimmt haben, müssen wir weiterhin die Hierachie der Engel beschreiben und die heiligen bildlichen Darstellungen, welche sich von ihr in der Heiligen Schrift finden, mit überweltlichen Augen betrachten» (IV, 1). Nach Ausführungen über die geistige Natur der Engel geht Dionysios auf deren biblisches Vorkommen ein, auf ihre wichtige heilsgeschichtliche Funktion, die dann überleitet zur Definition des Engels:

«Denn ich sehe, daß Jesus selbst, die überwesentliche Ursache der überhimmlischen Wesen, als er ohne irgend eine Veränderung zu erleiden zu unserer Natur gekommen war, von der schönen, seiner Menschheit geziemenden Ordnung, die von ihm selbst bestimmt und erwählt worden, nicht abging, sondern gehorsam den durch Engel vermittelten Weisungen seines Vaters und Gottes sich unterwarf. Durch ihre Vermittlung wird Joseph die vom Vater verordnete Flucht des Sohnes nach Ägypten und ebenso die Rückkehr nach Judäa angekündigt. Und durch Engel sehe ich Jesus selbst unter die Befehle seines Vaters sich unterordnen, denn ich unterlasse es, dir, der die in unseren priesterlichen Überlieferungen enthaltenen Offenbarungen kennt, auch über den Engel zu sprechen, der Jesus stärkte, oder davon zu reden, daß Jesus sogar selbst gemäß der rettenden Heilstätigkeiten uns, nachdem er einen Offenbarungsberuf angetreten hatte, ‹Engel

(= Bote) des großen Ratschlusses› genannt worden ist. Denn wie er selbst mit Worten, die auf einen Engel (Boten) passen, sagt, hat er uns von allem Botschaft gebracht, was er von seinem Vater gehört hatte» (IV, 4).

«Das also ist nach unserem Dafürhalten der Grund, warum die heilige Schrift den Namen ‹Engel› gebraucht. Wir müssen aber auch, denke ich, untersuchen, warum die inspirierten Schriftsteller einerseits die himmlischen Wesen gemeinsam ‹Engel› heißen, andererseits aber, wenn sie an die Darstellung iher überweltlichen Ordnungen herantreten, den besonderen Namen ‹Engel› nur derjenigen Abteilung geben, welche die göttlichen und himmlischen Stufen zu unterst abschließt und vollendet, dagegen den Erzengeln, Fürstentümern, Gewalten, Mächten und allen Ordnungen, welche die Offenbarungsüberlieferung der Schrift als diesen überlegene Wesen erkennt, einen höheren Platz über ihnen anweisen. Wir behaupten nun, daß in jeder Ordnung die höheren Abteilungen auch die Erleuchtungen und Kräfte der tieferstehenden besitzen, daß dagegen die letzten Stufen der Vorzüge der höheren nicht teilhaftig sind. So nennen also die Verfasser der Offenbarungsschriften die heiligsten Rangstufen der höchsten Wesen auch Engel, denn auch sie offenbaren die urgöttliche Einstrahlung. Die letzte Ordnung der himmlischen Geister aber kann man nur widersinnig Fürstentümer, Throne oder Seraphim nennen, denn sie hat keine Gleichstellung mit den höchsten Mächten. [...] Damit aber unsere Abhandlung in besser geschiedener Einteilung verlaufe, laßt uns mit heiliger Ehrfurcht die heiligen Eigentümlichkeiten jeder einzelnen himmlischen Ordnung sehen, wie sie in den heiligen Schriften vor Augen gestellt werden» (V).

Wie viele Ordnungen der überhimmlischen Wesen es gibt, wie beschaffen sie sind und wie ihre Hierarchien vollendet werden, das weiß nur, wie ich denke, das göttliche Urprinzip derselben. [...] Sonach wollen wir nichts aus eigenem Antriebe vorbringen; was aber die Verfasser der heiligen Schriften von den Engeln in Bildern gesehen haben, das wollen wir, nachdem wir darüber geheimnisvolle Lehren empfangen haben, nach besten Kräften auseinandersetzen» (VI, 1).

Was diese «geheimnisvollen Lehren» angeht, so werden sie entweder als esoterische Geheimlehre oder als mystische Schau zu deuten sein. Es folgt nun die folgenreiche Systematisierung biblischer Engelbezeichnungen, die, mit gewissen Varianten in der Reihenfolge, Theologiegeschichte geschrieben hat:

«Die Offenbarung hat den sämtlichen himmlischen Wesen neun Namen gegeben, die über sie Aufschluß bieten. Der göttliche Lehrer, der uns in die heilige Wissenschaft einweihte, gruppiert sie in drei dreiteilige Ordnungen. Die erste, sagt er, ist diejenige, welche immerdar um Gott steht und, wie die Überlieferung sagt, ununterbrochen und, den anderen voraus, unmittelbar mit ihm vereinigt ist. Denn die Offenbarung der heiligen Schriften, sagt er, habe überliefert, daß die heiligsten Throne, die mit vielen Augen und vielen Flügeln versehenen Rangstufen, Cherubim und Seraphim nach dem hebräischen Worte genannt, gemäß ihrer alle übertreffenden Nähe unmittelbar um Gott gestellt sind. Diese triadische Ordnung bezeichnete unser großer Meister gleichsam als eine und eine gleichstufige und eigentlich erste Hierarchie. Keine andere ist Gott ähnlicher und den unmittelbaren Ausstrahlungen der Urgottheit direkt näher unterstellt als diese. Die zweite Triade, sagt er, sei diejenige, welche von den Gewalten, Herrschaften und Mächten gebildet wird. Die dritte Triade unter den letzten der himmlischen Hierarchien besteht aus den Engeln, Erzengeln und Fürstentümern» (VI, 2).

Es folgt nun eine Wesensdeutung der einzelnen Engelordnungen aus der Etymologie ihrer Bezeichnung:

«Indem wir die geschilderte Stufenfolge der heiligen Hierarchien gelten lassen, behaupten wir, daß jegliche Benennung der himmlischen Geister eine Offenbarung über die gottähnliche Eigentümlichkeit eines jeden enthält. Der heilige Name der Seraphim bedeutet nach den Kennern des Hebräischen entweder ‹Entflammer› oder ‹Erglüher›; der Name ‹Cherubim› dagegen ‹Fülle der Erkenntnis› oder ‹Ergießung der Weisheit›. Mit Recht wird nun der heilige (liturgische) Dienst in der ersten himmlischen Hierarchie von den allerhöchsten Wesen versehen; denn diese hat eine höhere Rangstufe als alle übrigen und die unmittelbar gewirkten Gottesoffenbarungen und Einweihungen (in das Göttliche) werden ursprünglicher auf sie übergeleitet, weil sie Gott am nächsten steht. `Erglüher' und ‹Ergießung der Weisheit› werden nun auch die Throne genannt, ein Name, der ihre gottähnliche Beschaffenheit offenbart. Denn der Name der Seraphim lehrt und offenbart ihre immerwährende und unaufhörliche Beweglichkeit um das Göttliche, ihre Glut, ihre Schärfe, das Übereifrige ihrer beständigen, unablässigen, nie wankenden Immerbewegung, ihre Eigenschaft, die tieferstehenden Ordnungen, sofern sie dieselben zu einer ähnlichen Glut entfachen und entzünden, emporführend wirksam sich anzugleichen, ihre Kraft, in brennenden und alles verzehrenden Flammen zu reinigen, ihren Charakter, der kein Verhüllen und kein Erlöschen zuläßt, der immer sich gleichmäßig verhält, lichtartig und lichtspendend, Verscheucher und Vernichter jeder lichtlosen Verdunkelung ist.

Der Name der Cherubim offenbart ihre Gabe des Erkennens und Gottschauens, ihre Fähigkeit, die höchste Lichtmitteilung aufzunehmen und die urgöttliche Schönheit in ihrer direkt und unmittelbar wirkenden Macht zu schauen, ihr Geschaffensein für die weisemachende Mitteilung und ihren Drang, durch Ergießung der von Gott geschenkten Weisheit neidlos mit den Wesen zweiter Ordnung in Gemeinschaft zu treten. Der Name der höchsten und erhabenen Throne bezeichnet, daß sie jeder erdhaften Niedrigkeit ungetrübt enthoben sind, daß sie überweltlich nach oben streben und von jedem untersten Gliede unerschütterlich weggerückt sind, daß sie um das wahrhaft Höchste mit ganzer Vollkraft ohne Wanken und sicherstehend gestellt sind, daß sie der Einkehr Gottes in aller Freiheit von sinnlichen, materiellen Störungen genießen, daß sie Gottesträger und für den Empfang der göttlichen Erleuchtungen ehrfurchtsvoll erschlossen sind» (VII, 1).

«Dies also ist, soweit ich es verstehe, die erste Ordnung der himmlischen Wesen. Sie steht unmittelbar in der Runde um Gott und um Gott her, in unablässigem Reigen bewegt sich ihr einfaches Denken in der ewigen Erkenntnis Gottes, wie es der immer bewegten, höchsten Rangstellung unter den Engeln entspricht» (VII, 4).

«Wir müssen nunmehr zur mittleren Ordnung der himmlischen Geister übergehen, indem wir nach Möglichkeit jene

Herrschaften und die wahrhaft machtvollen Betrachtungs-
bilder der göttlichen Gewalten und Mächte mit überweltlichen Augen schauen. Denn jeglicher Name der uns über-
ragenden Wesen offenbart die Gott nachgebildeten Eigentümlichkeiten ihrer gottähnlichen Natur. Der redende
Name der heiligen Herrschaften offenbart meines Erach-
tens einen gewissen unbezwingbaren und von jedem Sin-
ken zum Irdischen freien Aufschwung nach oben, ein
Herrschertum, welches gar nicht irgend einer Entartung
ins Tyrannische in irgend einer Weise überhaupt zuneigt
und in edler Freiheit kein Nachlassen kennt, ein Herrschertum, welches, jeder erniedrigenden Knechtung ent-
rückt, jedem Erschlaffen unzugänglich und, über jegliche
Unähnlichkeit (Selbstentfremdung) erhaben, unaufhörlich
nach dem wahren Herrschertum und der Urquelle alles
Herrschertums hinanstrebt und nach der herrschgewalti-
gen Ähnlichkeit mit demselben soweit als möglich sich
selbst und gütig auch das unter ihm Stehende umbildet,
ein Herrschertum, welches keinem der eitlen Scheindinge,
sondern dem wahrhaft Seienden gänzlich zugewendet ist
und immerdar, woweit es ihm verstattet ist, an der Ähnlichkeit mit Gott als dem Urquell des Herrschertums teil-
nimmt.

Der Name der heiligen Mächte bezeichnet nach meiner
Meinung eine gewisse männliche und unerschütterliche
Mannhaftigkeit in Hinsicht auf alle ihre gottähnlichen
Tätigkeiten, welche bei der Aufnahme der ihr verliehenen
urgöttlichen Erleuchtungen durchaus keine kraftlose
Schwäche zeigt, sondern mächtig zur Gottähnlichkeit auf-
strebt, eine Mannhaftigkeit, welche durch keine Unmänn-
lichkeit von ihrer Seite die gottähnliche Bewegung aufgibt,
sondern vielmehr unentwegt auf die überwesentliche und
machtbildende Macht hinblickt und deren machtspiegeln-
des Abbild wird, welche zu ihr als der Urquelle der Macht
mächtig hingekehrt ist und zu den Wesen der tieferen
Ordnung machtspendend und gottähnlich heraustritt.

Der Name der heiligen Gewalten, welche mit den göttlichen Herrschaften und Mächten auf gleicher Stufe stehen,
besagt, wie ich glaube, die wohlgeordnete und unverwirr-
bare Harmonie bei Aufnahme des Göttlichen und das
Festbestimmte der überweltlichen und geistigen Gewalt-

stellung, welche die aus der Gewalt fließenden Kräfte nicht mit tyrannischer Willkür zu den minderen Zwecken mißbraucht, sondern unbesiegbar zum Göttlichen in schöner Ordnung empordringt und die tieferstehenden Wesen gütig aufwärts leitet, welche der gewaltschaffenden Urquelle der Gewalt soweit als möglich sich verähnlicht und sie kräftigst nach den wohlgeordneten Stufen der aus der Gewalt fließenden Macht den Engeln einstrahlt» (VIII, 1).

«Der Chor der heiligen Erzengel steht mit den himmlischen Fürstentümern auf gleicher Stufe. Denn sie und die Engel bilden, wie ich sagte, eine Hierarchie und Ordnung. Da es nun aber keine Hierarchie gibt, welche nicht erste, mittlere und letzte Mächte besäße, so hält der heilige Chor der Erzengel durch seine Mittelstellung in der Hierarchie die (beiden) Endglieder gemeinschaftlich zusammen; denn er steht in Gemeinschaft mit den heiligsten Fürstentümern und mit den heiligen Engeln, mit den einen, weil er zur überwesentlichen Fürstenhoheit in fürstlicher Weise hingewendet ist und ihr soweit als möglich sich nachbildet und gemäß seinen wohlgeordneten, festbestimmten und unsichtbaren Führungen die Engel ins Eine vereinigt. Mit den anderen hat er Gemeinschaft, weil auch er die Stellung von Dolmetschern einnimmt, insofern er die urgöttlichen Erleuchtungen durch Vermittlung der ersten Mächte in sich hierarchisch aufnimmt und sie dann den Engeln gütig offenbart und vermittels der Engel auch uns kund tut, wie es dem heiligen Grade eines jeden der göttlich Erleuchteten entspricht.

Denn die Engel schließen, wie wir schon gesagt haben, die sämtlichen Ordnungen der himmlischen Geister ergänzend ab, weil sie unter den himmlischen Wesen das Eigentümliche der Engelnatur im untersten Grade besitzen. Und sie werden von uns mit um so größerem Rechte gegenüber den höheren Geistern ‹Engel› genannt, weil ihre Hierarchie auch mehr im Gebiet des mehr Sichtbaren ist und der irdischen Welt näher steht. Denn man muß annehmen, daß die höchste Ordnung, wie gesagt, weil sie dem Verborgenen in erster Rangstufe zunächst steht, auf verborgene Art die zweite Ordnung hierarchisch leite, diese zweite aber, welche von den heiligen Herrschaften,

Mächten und Gewalten gebildet wird, der Hierarchie der Fürstentümer, Erzengel und Engel vorstehe, mehr in die Sichtbarkeit tretend als die erste Hierarchie, verborgener aber als die nach ihr folgende Hierarchie. Endlich (muß man dafür halten), daß die offenbarende Ordnung der Fürstentümer, Erzengel und Engel durch ihre gegenseitige Einwirkung den Hierarchien unter den Menschen vorstehe, damit nach einer abgestuften Ordnung die Emporführung und Hinwendung zu Gott, Gemeinschaft und Vereinigung mit ihm und desgleichen die Ausstrahlung aus Gott, welche allen Hierarchien in Güte zugeteilt wird und gemeinschaftlich mit Wahrung der heiligsten Ordnungsschönheit zufließt, bestehen bleibe. Deshalb hat die Gottesoffenbarung unsere Hierarchie den Engeln zugewiesen, da sie Michael den Fürsten des Judenvolkes und andere (Engel) (die Fürsten) anderer Völker nennt. Denn es hat der Höchste die Grenzen der Völker nach der Zahl der Engel festgestellt» (IX, 2).

Erwähnenswert ist auch die folgende Aussage über die Zahl der Engel, ein Thema, das noch die gesamte Scholastik beschäftigen wird:

«Auch dies ist, wie ich denke, der geistigen Betrachtung wert, daß die Überlieferung der Schrift über die Zahl der Engel von tausend Tausenden und von Myriaden von Myriaden spricht, indem sie die höchsten unserer Zahlen wiederholt und multipliziert und dadurch deutlich zu verstehen gibt, daß die Ordnungen der himmlischen Wesen für uns nicht zählbar sind» (XIV).

Mit welcher Distanziertheit der Areopagite sich zum Bildhaft-Konkreten zu äußern vermag, ist immer wieder erstaunlich. Vielen Zeitgenossen ist mythische Sprache oder gar mystische Erfahrung weitgehend unzugänglich, und so ist die Souveränität des Dionysios gegenüber der biblischen Bilderwelt wohl doch eine Verständnishilfe, wenn er ausführt:

«In welche heiligen Gestalten die heiligen Beschreibungen der Schrift die himmlischen Ordnungen einkleiden und zu welcher Einfachheit man durch die (körperhaften) Gebilde erhoben werden soll, damit wir nicht gleich der (ungebildeten) Menge die unheilige Auffassung teilen, als wären die himmlischen und gottähnlichen Geister Wesen mit

Füßen und vielen Gesichtern und sie seien nach der tierischen Figur von Stieren und nach der Raubtiergestalt von Löwen gebildet, oder sie seien nach dem Bilde der Adler mit einem Krummschnabel oder wie die (kleineren) Vögel mit einem struppigen Gefieder ausgestattet; damit wir nicht (sage ich), uns einbilden, es liefen da gewisse feurige Räder über den Himmel, und es seien da Throne aus irdischem Stoff, welche der Urgottheit zum Zurücklehnen dienen, und es gäbe gewisse buntscheckige Pferde und speertragende Kriegsoberste und was sonst alles von der Schrift in heiliger Plastik durch die bunte Fülle der bedeutungsreichen Sinnbilder uns überliefert ist. Denn ganz natürlich hat sich die Offenbarung bei den gestaltlosen Geistern der dichterischen heiligen Gebilde bedient, weil sie, wie gesagt, auf unser Erkenntnisvermögen Rücksicht nahm und für die ihm entsprechende und naturgemäße Emporführung Sorge trug und in Anpassung an dasselbe die anagogischen heiligen Darstellungen aufbildete» (II, 1).
Aus der Fülle der Bilderdeutungen wählen wir die Erklärung der Flügel durch Dionysios als Beispiel:
«der Flügel bedeutet die Schnelligkeit des geistigen Emporführens, das Himmlische, die Wegbahnung nach oben, das Entrücktsein von allem, was an der Erde haftet, infolge der aufwärtstragenden Kraft. Die Leichtigkeit der Flügel aber bedeutet, daß das Wesen (des Engels) in keiner Hinsicht erdhaft ist, sondern ganz unvermischt und der Schwere nicht unterworfen sich zur Höhe erhebt» (XV, 3).
Mit diesen recht ausführlichen Zitaten sollte ein ideengeschichtliches Denkgebäude vorgeführt werden, dessen Ausstrahlung und Nachwirkung bis heute anhält; in den Diskussionen um das «Engelwerk» zum Beispiel werden diese Aussagen geradezu als kanonisch vorgeführt. Die künstlerischen und literarischen Gestaltungen nehmen immer wieder darauf Bezug: von Dante bis zur Anthroposophie (die sich wiederum beim amerikanischen Romancier Saul Bellow niederschlägt), in den Kunstwerken aller Jahrhunderte.
Eine Bemerkung am Rande: das Denken in Hierarchien, wie es durch den zitierten Pseudo-Dionysios Areopagita geprägt wurde (und das sich keineswegs in einer Statik erschöpft), nimmt im Grunde vorweg, was später (stärker

die Dynamik akzentuierend) als Evolutionslehre in Naturwissenschaft und in neognostischen Spekulationen neuzeitlichen Ausdruck findet. Bedenkenswert ist auch die Anmerkung Karl Barths zum dionysianischen System: «Es tönt merkwürdig», schreibt der Basler Kirchenvater, «aber es ist so: man hat von seiner ‹himmlischen Hierarchie› her nun doch entschieden leichteren Zugang zum biblischen Zeugnis von den Engeln als von dem her, was von den älteren Vätern und was nachher von Thomas v. Aquino zu dieser Sache beigebracht worden ist» [23]. Die mystisch-bildhafte Schau und Sprache des Areopagiten ist Barth zugänglicher als die philosophischen Denkbemühungen des Scholastikers.

Eine Gesamtwertung der Schriften des Areopagiten gibt der Dogmengeschichtler Georges Tavard:
«Die dionysianische Spekulation ist vor allem wichtig als der erste größere Versuch, eine systematische Verbindung zwischen der Angelologie und dem geistigen Leben der Christen herzustellen. Das Ergebnis ist eine wahrhaft erhabene Vision, und dies trotz ihrer hochtrabenden Begrifflichkeit. Die Angelologie hat die empirische Wirklichkeit verlassen; sie ist jetzt hineinintegriert in eine abgerundete, wenngleich eigentümliche Theorie des Universums. Diese Schau, geboren in der griechisch sprechenden Welt, sollte in der Seele des lateinischen Mittelalters nachklingen» [24].

Im Engelverständnis der Ostkirchen ist Dionysios der maßgebende Ausgangspunkt geblieben. Noch heute sind die Liturgien Ausdruck inniger Engelverehrung. Eine frühe orthodoxe Stimme sei hier zitiert, die eine systematische Zusammenschau der theologischen Entwicklung bis in die Mitte des 8. Jahrhunderts gibt. In seiner «Darlegung des christlichen orthodoxen Glaubens» heißt es bei Johannes von Damaskus (675–749) zur Engellehre, die bisherigen Entwicklungen zusammenfassend:
«Gott selbst ist der Schöpfer und Bildner der Engel. Er hat sie aus dem Nichtsein ins Sein gerufen, nach seinem Bilde hat er sie geschaffen als eine körperliche Natur, eine Art Wind und unstoffliches Feuer, wie der göttliche David sagt: ‹Er macht seine Engel zu Winden und seine Diener zu loderndem Feuer› [Ps 103,4]. Damit beschreibt er die

Leichtigkeit, Feurigkeit, Wärme, Eindringlichkeit und Schnelligkeit, womit sie sich Gott hingeben und ihm dienen, ihr Aufwärtsstreben und Freisein von jeder materiellen Gesinnung. Ein Engel ist demnach ein denkendes, allzeit tätiges, willensfreies, unkörperliches, Gott dienendes Wesen, dessen Natur die Unsterblichkeit aus Gnade empfangen hat. Die Form und Bestimmung seines Wesens kennt allein der Schöpfer. Unkörperlich aber und unstofflich heißt er in Beziehung auf uns. Denn verglichen mit Gott, dem allein Unvergleichbaren, erscheint alles grob und stofflich. Wahrhaft unstofflich und unkörperlich ist eben nur das göttliche Wesen. Der Engel ist also ein vernünftiges, denkendes, willensfreies, in Gesinnung oder Willen wandelbares Wesen. Denn alles Geschaffene ist auch wandelbar, nur das Ungeschaffene ist unwandelbar. Und alles Vernünftige kann sich selbst bestimmen. Als vernünftig und denkend hat es darum freie Selbstbestimmung. Als geschaffen ist es jedoch wandelbar, es hat die Macht, sowohl im Guten zu bleiben und vorwärtszukommen, als sich zum Schlechten zu wenden. Unfähig ist der Engel einer Bekehrung, weil er ja unkörperlich ist. Denn der Mensch hat wegen der Schwachheit des Körpers Bekehrung erlangt. Unsterblich ist er nicht kraft seiner Natur, sondern durch Gnade. Denn alles, was einen Anfang hat, hat naturgemäß auch ein Ende. Nur Gott ist immer, ja noch mehr, er ist sogar über dem Immer. Denn nicht unter der Zeit ist der Schöpfer der Zeiten.

Die Engel sind zweitrangige, geistige Lichter. Ihre Erleuchtung haben sie vom ersten, anfanglosen Licht. Sprache und Gehör brauchen sie nicht, sie teilen vielmehr ohne gesprochenes Wort einander ihre Gedanken und Entschlüsse mit. Durch den Sohn Gottes wurden alle Engel geschaffen und vom Heiligen Geist durch die Heiligung vollendet; entsprechend ihrer Würde und ihrer Rangordnung sind sie der Erleuchtung und der Gnade teilhaftig geworden. Sie sind ortsgebunden. Denn wenn sie im Himmel sind, sind sie nicht auf der Erde, und werden sie von Gott auf die Erde gesandt, so bleiben sie nicht im Himmel zurück. Sie werden aber nicht begrenzt von Mauern und Türen, Riegeln und Siegeln, denn sie sind unbegrenzt. Unbegrenzt, sage ich. Denn nicht so, wie sie sind, erscheinen sie den Würdigen, denen sie Gott erscheinen lassen will, sondern in veränderter Gestalt, so, wie die Sehenden sie sehen können. Denn unbegrenzt von Natur aus und im eigentlichen Sinne ist nur das Ungeschaffene. Jedes Geschöpf wird ja von Gott, seinem Schöpfer, begrenzt.»[25]

Johannes von Damaskus hebt also die Geschöpflichkeit der Engel hervor, unterstreicht aber ihre Verschiedenheit von der menschlichen Natur.

VON DER SCHOLASTIK
ZUR GEGENWART

Nach diesem Ausblick und Vorausblick in die ostkirchliche Entwicklung kehren wir zur lateinischen Kirche zurück, in der, bis Thomas, Augustinus maßgebend bleibt. Ein nächster Höhepunkt lateinischer Angelologie ist das Werk Gregors des Großen (ca. 540–604). Er entscheidet sich für die reine Geistigkeit der Engel. Kulturgeschichtlich bedeutsam ist, daß sich Papst Gregor für eine Gliederung der Engelchöre entscheidet, die von dem eben zitierten Pseudio-Dionysios leicht abweicht. Hätte sich nicht Dante ausdrücklich mit dieser Differenz auseinandergesetzt, und zwar mit mittelalterlichem Ernst, würde dies kaum mehr erwähnt. Seine eigene Schau der Himmelschöre beschließt Dante in der Göttlichen Komödie [26] mit den Versen:

«Nach dieser Ordnung rang im Erdenleben
So brünstig Dionys, daß euch zum Frommen
er sah und schied, wie ich dir's kundgegeben.
Zu andrem Schluß ist Gregor zwar gekommen,
doch hat er gleich, zum Lichte eingegangen,
ihn lächelnd selbst, den Irrtum, wahrgenommen.»

Wenn in der lateinischen Kirche die Überordnung der Gottesgebärerin über die Engel zum Ausdruck kommt – mit Bernhard von Clairvaux (gest. 1153) sei ein bekannter Name dafür genannt –, so ist dies eine Anknüpfung an ostkirchliche Frömmigkeit, die noch in den Dokumenten des II. Vaticanums nachklingt.

In der zeitlichen Abfolge ist nun das Vierte Laterankonzil von 1215 zu nennen, das sich gegen den Dualismus wendet, der den Albigensern und Waldensern zum Vorwurf gemacht wird. Die bereits zitierte Hervorhebung, «daß Gott der eine Ursprung aller Dinge ist, der Schöpfer der sichtbaren und unsichtbaren, der geistigen und körperlichen» – diese Aussage gilt als die dogmatisch vorrangige

Entscheidung des Lehramtes. Es ist aber gleich hinzuzufügen, daß es sich weder zur Zahl, noch zur Leiblichkeit
noch zu den Rangstufen der Hierarchien äußert, zu Vorstellungen also, die der theologischen Spekulation ent-
stammen und die zwar mit der Würde hoher Namen verbunden sind, die aber nicht zum verbindlichen Glaubensgut der christlichen Kirchen gehören.

Mit dem Laterankonzil ist eine klare Basis für die Weiter-
entwicklung in der Scholastik gegeben. Neue Akzente setzen die nun bald ausufernden Diskussionen unter Einfluß
der arabischen Philosophie und des Aristotelismus. In
klare Distanz zu zeitgebundenen Vorstellungen geht Thomas von Aquin mit seinen zahlreichen Äußerungen über
die Engel. Diese sind für den Doctor Angelicus rein geistige, materielose Wesen, geschaffen und unsterblich. Thomas bemüht sich um eine philosophische Wesensbeschreibung und gelangt dabei zu Fragen und Antworten, die uns
heute zumeist ferne liegen und die deshalb nur in den
Kurzfassungen dogmatischer Handbücher zu ihrem Recht
auf systematische Darstellung kommen. Dabei ist es nicht
ohne Reiz zu erwähnen, daß es selbst dem heiligen Thomas widerfuhr, daß er mit einer angelologischen Äuße-
rung im Jahre 1277 in Paris auf eine Liste verbotener
Lehrsätze geriet. Es ging dabei um die Behauptung der
Averroisten (der sich Thomas anschloß), jeder Engel sei
eine Gattung für sich – ein Gedankengang, dem wir übri-
gens in etwas anderem Zusammenhang bei Rudolf Steiner
wieder begegnen.

Wenigstens mit einigen Zeilen soll der Aquinate selbst zu
Wort kommen. In seiner Summa Theologica umreißt er in
der quaestio L (= fünfzig) die Angelologie so:

«Was die Engel betrifft, ist zuerst das zu betrachten, was
zu ihrem Wesen gehört; zweitens das, was zu ihrem Verstand gehört; drittens das, was zu ihrem Willen gehört;
viertens das, was zu ihrer Erschaffung gehört. Ihr Wesen
hinwieder ist sowohl an sich zu betrachten, wie auch im
Vergleich zu den Körperdingen. Was ihr Wesen überhaupt
angeht, ergeben sich fünf Einzelfragen: 1. Gibt es eine
gänzlich geistige, durch und durch unkörperliche Schöpfung? 2. Vorausgesetzt, daß der Engel so sei, bleibt die
Frage: Ist der Engel aus Stoff und Form zusammenge-

setzt? 3. Über ihre Zahl. 4. Über ihren Unterschied unter-einander. 5. Über ihre Unsterblichkeit und Unvergänglich-keit.»[27]

Hunderte Seiten lang entwickelt Thomas seine Systema-tik, indem er alle Für und Wider zu jedem Problem aus der Bibel und aus den Väterschriften, aber auch aus anti-ken Klassikern, insbesondere Aristoteles (den er oft mit «ut Philosophus dicit» anführt) zusammenstellt, um dann die der Scholastik mögliche Antwort zu geben oder auch das Problem offenzulassen.

Thomas schert aus der angelologischen Tradition keines-wegs aus, vielmehr verteidigt er diese mit seinen Mitteln gegenüber den geistigen Strömungen seiner Zeit. Auch seine Aussagen haben nie den Rang der lehramtlichen Autorität erhalten. Mit dem Hochmittelalter erfährt auch die Engellehre eine Zäsur; in den Worten Tavards: «Mit dem Ende der Scholastik hört die Angelologie auf, ein Gebiet der theologischen Bemühung zu sein.»[28]

Größere Nüchternheit tritt mit der Reformation und der strengen Bezugnahme auf das Wort der Schrift in den evangelischen Kirchen ein. Nicht der Engellehre als sol-cher gilt die theologische Kritik, sondern den ausufernden Spekulationen der Scholastik sowie der Verehrung der Engel, die im Spätmittelalter übertriebene Formen ange-nommen hatte. Noch im 17. Jahrhundert zeigt die prote-stantische Theologie Interesse an der Angelologie, wobei vor allem die Dämonologie unter protestantischen und anglikanischen Theologen soviel Anklang fand wie bei den katholischen. Den literarischen Niederschlag finden wir noch heute auf hohem Niveau in Miltons Dichtungen. Doch schon in diesem 17. Jahrhundert gelangen Strömun-gen in die konfessionelle Polemik, die die Engel als Teil des christlichen Glaubens ablehnen.

Schleiermacher macht dann eindeutig Front gegen die Dämonen, weniger eindeutig gegen die Engel, wenn letz-tere ihm auch als bedeutungslos für das entscheidend Christliche gelten. Noch heute belegt eine Fülle von evan-gelikal-biblizistischen Schriften, daß der Engelglaube im konservativen Protestantismus die Aufklärung überstan-den hat. Für das Lebensgefühl der Mehrzahl der Zeitge-nossen ist solche Literatur jedoch nicht repräsentativ.

Im I. Vaticanum von 1870 wird die bereits zweimal erwähnte Aussage des IV. Lateranums für die katholische Kirche erneuert und wörtlich wiederholt. Aber was ist damit für die (katholische) Theologie verbindlich ausgesagt? Nur dies: Gott ist der Erschaffer der geistigen Geschöpfe, und diese sind nicht eine Emanation aus seiner Substanz; das viel diskutierte «simul ab initio temporis» richtet sich gegen die Vorstellung der Ewigkeit der Wesen und Dinge und will ihre Schöpfung in der Zeit unterstreichen. Das Vaticanum I. betont mit dem Schöpfungsbericht der Bibel, daß alle Geschöpfe von Gott gut geschaffen wurden; die gefallenen Geschöpfe wurden durch ihr eigenes Tun böse.

In der evangelischen Theologie der Gegenwart ist die Schöpfungslehre Karl Barths wohl das bedeutendste Werk zu unserem Thema; auf ihre Weise mutet auch sie scholastisch und (ex negativo) «allwissend» an. Natürlich ist jedes Zitat aus einer solchen theologischen Summe dem Zusammenhang entrissen. Doch möchten wir einige charakteristische Sätze wenigstens als Leseanreiz bieten:

«Es ist gar nicht abzusehen, was es für die Christenheit und ihr Wort an die Welt bedeuten könnte, wenn sie der eigentümlichen Realität dieser Sache [der Engel], die sie jetzt im besten Falle um der Pietät willen nicht fallen läßt, sondern irgendwie mit sich schleppt, wirklich im Glauben wieder gewahr werden dürfte. Das hängt aber daran, daß sie ihrer originalen Gestalt wieder gewahr wird. Eben dieser und also dem biblischen Zeugnis haben wir unsere Aufmerksamkeit und Bemühung zuzuwenden. ... Es ist eine im Blick auf die Geschichte der Theologie durchgängig geltend zu machende Wahrheit: daß keines von den vielen philosophischen Systemen, die man jeweils zu ihrer Begründung heranziehen wollte und von denen man sich dann faktisch beherrschen und bestimmen ließ, ihr nicht Schaden und Verderben gebracht, sie nicht in ihrer Orientierung am Wort Gottes irre gemacht, ihre Gedankengänge und Aufstellungen nicht verfälscht – daß aber auch wiederum keine von ihnen nur Schaden und Verderben gebracht, ihr nicht vielmehr jeweils auch eine ganz bestimmte Chance geboten hätte.»[29]

Bekannter und einprägsamer ist das Wort des Basler Theologen Barth, daß nämlich «die Engel und der Oster-

hase wirklich zweierlei sind», wie er seinen entmythologisierenden Kollegen entgegenhielt, «daß uns auch im Blick auf die Engel nicht irgend etwas, sondern etwas Bestimmtes zu denken und zu sagen geboten ist: vera, certa, utilia, um (...) mit Calvin zu reden.»[30]
In einem feuilletonistischen Beitrag bemerkte er, die Engel im Himmel spielten Bach, wenn der Liebe Gott dabeisitze; wenn sie aber alleine seien, dann vergnügten sie sich mit Mozart, und der liebe Gott höre auch ganz gerne zu.
Einigermaßen überraschend endet Barths Angelologie: nämlich mit der Ablehnung des «Engelfalles» und damit auch der Ablehnung der geschöpflichen Wesensverwandtschaft von Engel und Teufel[31].
Der evangelische Exeget Claus Westermann konkretisiert, was mit Barths Aussage über die Rückkehr zum biblischen Zeugnis gemeint ist. In dem berühmten Buch «Gottes Engel brauchen keine Flügel» geht Westermann nicht von einem ontologischen Begründungsversuch aus, also sozusagen von einem philosophischen Aufweis geistiger Wirklichkeiten, sondern er läßt mit den biblischen Berichten die religiösen Erfahrungen sprechen:
«Dem reinen, dem objektiven Denken sind die Engel so wenig zugänglich wie Gott. Das Sein der Engel oder die Existenz von Engeln kann nicht festgestellt werden. Die Bibel spricht auch niemals vom Sein der Engel oder von der Existenz der Engel an sich. Sie berichtet, daß ein Bote Gottes gekommen ist. Das kann immer nur der bezeugen, zu dem er kam. Das, was uns Menschen vom Engel gegeben wird, das, was ‹es› von ihm ‹gibt›, ist immer nur der Berührungspunkt, die Begegnung, das Wort oder die Tat. Eben darin erweist er sich als Bote Gottes, daß er sich all unserem Begreifen, Festlegen und Einordnen entzieht. ... Gibt es Engel? Nein, so kann nach den Boten Gottes nicht gefragt werden. Schickt Gott Boten zu uns Menschen auf unsere Erde? Ja, das bezeugen die, zu denen sie kamen, durch die ganze Bibel hindurch.»[32]
Stellt man die Frage nach den Engeln unter dogmatischen Gesichtspunkten, so finden wir in der evangelischen (und in der katholischen) Theologie das ganze Spektrum von ausdrücklicher Ablehnung über Indifferenz bis zu einer

traditionsbezogenen Akzeptanz von Engeln und ihrem Wirken. Es läßt sich zwar nicht eine Art Votum der Theologen eruieren – in der Regel stehen wohl diejenigen, die sich mit dem Thema befassen, auch der Sache selbst positiv gegenüber –, doch mit guten Gründen läßt sich behaupten, daß der Engelglaube unter Theologen so wenig lebendig ist wie im Kirchenvolk. In dieser Situation überrascht dann doch die so konstruktive Darstellung, wie sie die Theologische Realenzyklopädie TRE 1982 veröffentlichte. Sie gipfelt in dem Satz von Ulrich Mann[33]:

«Ohne Engel läßt sich, vereinfacht gesagt, der Monotheismus nicht wirklich durchhalten. Es muß, hinter und über ‹Wolken, Luft und Winden› (Paul Gerhardt), Wesen geben, die sowohl Gott voll personhaft gegenüberstehen – und damit den paganistischen Polytheismus theologisch abzulösen in der Lage sind, wie auch der Vielfalt der Phänomene von Natur und Geschichte entsprechen, was von einer künftigen christlichen Religionsphilosophie zu erarbeiten wäre.»

So eindrucksvoll diese (für einen evangelischen Autor erstaunlich ontologische) Aussage für jeden ist, der die angelologische Tradition ernst nimmt, so wenig läßt sich abschätzen, ob eine solche Einstellung in der gegenwärtigen Theologie irgendeine Resonanz findet. «Letzten Endes», so schließt Mann seinen Beitrag, «wird auch für die dogmatische Angelologie der Kern des Problems darin zu fassen sein, daß von Engeln theologisch einfach deshalb die Rede sein muß, weil Engel sind.»[34]

Wie von Westermanns exegetischer Position aus ist auch von der dogmatischen Sicht Ulrich Manns her der Brückenschlag zur katholischen Theologie (zu deren Hauptanliegen die Angelologie natürlich auch nicht gehört) möglich. Wo kein total aufklärerischer Gestus bestimmend ist, lassen sich Gemeinsamkeiten finden, auch angesichts der reicheren (aber, wie gesagt, nicht verbindlichen) Tradition im Katholizismus. Das, was als Engelerlebnis erfahren wird, bedarf einer Deutung, jenseits konfessioneller Sonderlehren oder Traditionen. Und ein weiterer Gesichtspunkt verbindet, in den Worten Horst Schwebels, der in der genannten Enzyklopädie die praktisch-pastorale Sicht vertritt:

«Der Verzicht auf die Engel bedeutet einen Verzicht auf
Geborgen-, Getragen- und auf das Transzendente Verwie-
sensein, wie es D. Bonhoeffer trotz seines Votums für die
‹nicht-religiöse Interpretation› eindrucksvoll vor seiner
Hinrichtung erfahren hat, wenn er sich ‹von guten Mächten wunderbar geborgen› weiß.»[35]

Eine eigentliche Entwicklung in der Engellehre der katholischen Theologie gibt es in der neueren Zeit nicht, allenfalls Bemühungen um die Verteidigung der Tradition auf
der einen und ein spätaufklärerisches Nachholprogramm
mit Totalelimination der geistigen Wirklichkeiten auf der
anderen Seite. Zu den vorherrschenden Trends jedoch
dürfte auch ein profundes Desinteresse gehören.

Was die amtlichen Dokumente angeht, so ist die Enzykli-
ka Pius' XII. Humani Generis von 1950 zu erwähnen, in
der die Personalität der Engel unterstrichen wird (es handelt sich nicht um eine sogenannte ex cathedra-Entschei-
dung, der nach katholischem Verständnis Verbindlichkeit
zukäme).

Thema des II. Vaticanums waren die Engel bekanntlich
nicht. Die wenigen einschlägigen Zitate in den Konzilsdo-
kumenten mag man zunächst als Ornamentik in traditio-
nellem Sprachgewand empfinden. Im Zusammenhang mit
der Marienverehrung heißt es in Lumen Gentium, durch
Gottes Gnade ist Maria nach dem Sohn vor allen Engeln
und Menschen erhoben, ein Topos der Liturgie: «Maria,
per gratiam Dei post Filium prae omnibus Angelis et
hominibus exaltata» (Nr. 66). Und ein weiterer, wohl eher
zufälliger Verweis findet sich in Gaudium et Spes, in der
die berühmte Stelle aus Psalm 8 nach der Vulgata, nicht
nach der hebräischen Bibel, zitiert wird: paulo minus ab
angelis – wenig geringer als Engel: heißt es vom Menschen
(im hebräischen Psalm steht hier für Engel Gott).

Als repräsentativ für die nachkonziliaren theologischen
Konflikte im Katholizismus sei hier der Streit um den
Holländischen Katechismus von 1966 erwähnt. Mit dem
Imprimatur des holländischen Kardinals Alfrink versehen,
fand das Werk rasch eine große Verbreitung in zahlrei-
chen Sprachen. 1968 veröffentlichte eine zur Prüfung die-
ses Katechismus bestellte Kardinalskommission etliche
Vorbehalte. Eine Theologenkommission erarbeitete dann

Die wunderbare Befreiung des Petrus
In der Nacht, ehe Herodes ihn vorführen lassen wollte,
schlief Petrus, mit zwei Ketten gefesselt, zwischen zwei Sol-
daten; vor der Tür aber bewachten Posten den Kerker.
Plötzlich trat ein Engel des Herrn ein, und ein helles Licht
strahlte in den Raum. Er stieß Petrus in die Seite, weckte
ihn, und sagte: Schnell, steh auf! Da fielen die Ketten von
seinen Händen. Der Engel aber sagte zu ihm: Gürte dich,
zieh deine Sandalen an! Er tat es. Und der Engel sagte zu
ihm: Wirf deinen Mantel um, und folge mir! Dann ging er
hinaus, und Petrus folgte ihm, ohne zu wissen, daß es Wirk-
lichkeit war, was durch den Engel geschah; es kam ihm vor,
als habe er eine Vision. Sie gingen an der ersten und an der
zweiten Wache vorbei und kamen an das eiserne Tor, das in
die Stadt führt; es öffnete sich ihnen von selbst. Sie traten
hinaus und gingen eine Gasse weit; und auf einmal verließ
ihn der Engel (Apg 12,6–10).

Neuformulierungen für die monierten Stellen, die zunächst eingefügt werden sollten, die aber wegen der inzwischen erfolgten rasanten Verbreitung als ergänzende Beilage veröffentlicht wurden, so auch zur deutschen Ausgabe von 1968. Von den Engeln heißt es im Originalwerk unter dem Kapitel «Die letzten Dinge»:

«Sie sind Boten oder Kräfte, die von Gott gesandt werden, ‹dienende Geister› (Hebr. 1,14), in der Bibel oft in menschlicher Gestalt dargestellt. Sie verkörpern Gottes Güte, die großen guten Kräfte, die uns in dieser Schöpfung zur Seite stehen. Ist ihre Existenz Teil des Weltbildes der Bibel? Oder sind sie ein wesentlicher Teil der Heilsbotschaft? Man sollte die Frage in dieser Form nicht überbewerten; auf jeden Fall gehen sie in der Darstellung der Schrift ganz auf in ihrer dienenden Rolle im christlichen Heilsgeschehen. Was über sie gesagt wird, will nichts anderes verkünden als diese beglückende Botschaft: daß Gott sich auf tausenderlei Weise mit uns befaßt. Schon die Namen der Engel zeigen dies. Gabriel: ‹Gottes Kraft›; Rafael: ‹Gottes Heilung›; Michael: ‹Wer ist wie Gott?›» [36]

Damit ist die vielleicht schlichte, aber durchaus berechtigte Frage des Kirchgängers offengelassen: Gibt's die Engel nun oder gibt's die nicht?

Die Alternativversion, die das Thema auch wieder unter dem traditionellen Kapitel «Über die Schöpfung» eingefügt wissen möchte, verdeutlicht in Richtung auf die tradierte Lehre folgendermaßen:

«... Die Exegeten und Theologen haben noch nicht vollständig die Fragen beantwortet, die mit der Stellung zusammenhängen, welche die Engel in fortschreitendem Maße in den Büchern des Alten Testamentes einnehmen, oder auch nicht die Fragen, die mit der Geschichte und der weiteren Lehre über die Engel zusammenhängen. Aber die Existenz der Engel – wie auch der Teufel – ist eine Wahrheit, die zur Lehre der katholischen Kirche gehört, worüber etwa das vierte Laterankonzil informiert. Diese geheimnisvollen Wesen erscheinen im Ganzen immer in ihrer Bezogenheit auf die Heilsgeschichte in Christus...». [37]

In diesen beiden unterschiedlichen Formulierungen bringen sich zwei Standpunkte zum Ausdruck, die unsere heutige theologische Situation widerspiegeln. Es handelt sich hier natürlich um Texte, die sich an ein breites, theologisch nicht vorgebildetes Publikum wenden und die deshalb verständlich bleiben. Ungleich komplizierter sind die im theologischen Fachjargon verfaßten spezielleren Untersuchungen, und deren Bezug zu lehramtlichen Aussagen ist auch ungleich schwerer durchschaubar.

Im Zusammenhang mit den nachkonziliaren Wirren steht auch das Glaubensbekenntnis, das Papst Paul VI. zum Ausklang der 1900-Jahrfeier des Martyriums der Apostel Petrus und Paulus am 30. Juni 1968 verkündete. Dieses «Credo des Gottesvolkes» verstand sich als Orientierung in einer unruhigen Zeit, aber nicht als dogmatische Definition. Es heißt einleitend in Anklang an die traditionelle Lehre und die Konzilstexte:

«Wir glauben an den einen Gott, Vater, Sohn und Heiliger Geist, Schöpfer der sichtbaren Dinge, wie es diese Welt ist, auf der unser flüchtiges Leben sich abspielt, Schöpfer der unsichtbaren Dinge, wie es die reinen Geister sind, die man auch Engel nennt, und Schöpfer der unsterblichen Geistseele eines jeden Menschen.»

Und gegen Schluß bekräftigt der Papst jene Hoffnung, die auch in der katholischen Kirche ins Wanken gekommen war:

«Wir glauben, daß die große Schar derer, die mit Jesus und Maria im Paradies vereinigt sind, die himmlische Kirche bildet. Dort schauen sie in ewiger Glückseligkeit Gott so, wie er ist; dort sind sie auch, in verschiedenen Abstufungen, mit den heiligen Engeln unter der Herrschaft Christi vereint in Herrlichkeit, legen für uns Fürsprache ein und helfen uns in unserer Schwachheit durch ihre brüderliche Fürsorge.»

Karl Rahner schließlich, die theologische Leitfigur im Katholizismus der Gegenwart, hat in seinen Aufsätzen und Lexikonartikeln wiederholt das Thema Engel behandelt, wobei die Unterschiede in der Akzentuierung nicht zu übersehen sind. 1978 hat er dann in einem fachsprachlich gehaltenen Aufsatz drei Positionen zur Engellehre innerhalb der katholischen Theologie formuliert, die trotz ihrer Abstraktheit bemerkenswert sind. Eine erste Position sieht in der «Lehre von den geschaffenen (endgültig) guten und (endgültig) bösen personalen Geistwesen neben und über dem Menschen (samt deren Einfluß auf die Unheilsgeschichte der menschlichen Welt) eine streng verbindliche Glaubenswahrheit». Eine zweite Position leugnet «schlechthin und eindeutig die Existenz des Teufels und der Dämonen», mit der Begründung, «daß die Lehre vom Teufel in die Heilige Schrift von außen eingewandert sei, daß bei einer genauen historisch-kritischen Exegese es sich zeige, daß die Schrift nicht die Existenz von Teufel, Dämonen (und Engel) lehre, sondern voraussetze und unter dieser Hypothese Aussagen mache, deren eigentlicher Inhalt auch bestehen bleibe, wenn man die Hypothese fallen lasse». Die dritte Position schließlich möchte «in einer gewissen Neutralität zwischen den beiden anderen Positionen das Problem der künftigen Glaubens- und Theologiegeschichte» anvertrauen. Und Rahner kommentiert dies so: «Eine solche Position ist von den Erfahrungen der Dogmengeschichte her nicht verwunderlich.» [38] Seine weiteren Ausführungen haben kaum noch einen Bezug zu den religiösen Erfahrungen, sie sind vielmehr interessiert an der Frage, die nur den Insider berührt, ob denn die Engel als geschaffene Wesen (und zwar: falls es sie überhaupt gibt) Offenbarungsinhalt sein können und wie denn die Wirkweise einer geistigen Macht im kosmischen Gesamtgeschehen aufgefaßt werden müsse. Rahner schließt mit einem Bekenntnis zur oben genannten dritten Position und den Worten[39]:

«Was wir, wenn überhaupt etwas, geleistet haben, kann letztlich nur in einigen Mahnungen bestehen: in der Mahnung, nicht in einem biblizistischen Fundamentalismus zu schnell und zu naiv von der Existenz guter und böser Engel überzeugt zu sein; in der Mahnung, die vom eigentlichen Wesen einer göttlichen Offenbarung her gegebenen hermeneutischen Prinzipien ernst zu nehmen, die beachtet werden müssen, wenn man die Existenz von Engeln nachzuweisen versucht, obwohl solche nicht zum primären und ursprünglichen Offenbarungsgegenstand gehören können; in der Mahnung, nicht in einem primitiven Rationalismus zu meinen, es könne von vornherein keine kreatürliche Subjektivität neben und ‹über› dem Menschen gedacht werden, oder eine solche sei entweder schlechthin unerfahrbar oder müsse so vorgestellt werden, wie sie nicht selten in einer vulgären Auffassung gegeben ist.»

Ein vorläufiger Endpunkt theologischer Aussagen im deutschsprachigen Raum ist mit dem Erwachsenen-Katechismus aus dem Jahre 1985 erreicht. Dieser argumentiert nicht mehr ontologisch, sondern biblisch. Mit Hinweisen auf die mythologischen Sprachformen und die Vorstellungen der früheren Zeit, aber auch auf die «geschichtliche Entwicklung der Engelvorstellungen» und die Verkitschung im Frömmigkeitsleben macht der Katechismus unsere «Verstehensschwierigkeiten» deutlich[40]:

«Ein ernsthaftes Sprechen über die Engel ist auch deshalb schwierig, weil wir dabei an Grenzen der menschlichen Aussagemöglichkeiten geraten. Das wußten auch die großen Lehrer der Kirche. Deshalb müssen wir mit Spekulationen über die Zahl, die Art, die Unterscheidungen und Ordnungen (Chöre) der Engel zurückhaltend sein. Auf der anderen Seite sollten wir freilich auch sehen, daß die Wirklichkeit umfassender und tiefer ist, als eine rationalistisch mißverstandene Vernunft ahnt... In der Bildersprache des Mythos drückt sich also eine wesentliche Dimension der Wirklichkeit aus, die rein begrifflich nicht zu fassen ist.»

So richtig und vollständig diese Katechismus-Aussage auch sein mag, sie geht eigentlich über das «Problematisieren» nicht hinaus. Die Geborgenheit, die der alte Engelglaube vermitteln konnte, ist auch hier in weite Ferne gerückt.

Immerhin scheinen sich die kirchlichen Theologien, soweit sie überhaupt die Fragestellung nach den Engeln für wichtig erachten, schließlich zu treffen. Scholastische Allwissenheit weicht einer bescheideneren und ehrfürchtigen Sichtweise auf die Schöpfung Gottes. Die Grenze zwischen Engelgläubigkeit und Engelablehnung verläuft keineswegs entlang konfessionellen Demarkationslinien, sondern hängt an der grundsätzlichen Entscheidung, ob man eine geistige Wirklichkeit denken will oder nicht; die skizzierte Problematik zwischen den Pharisäern und Sadduzäern in der Apostelgeschichte steht also noch immer zur Lösung an.

Papst Johannes Paul II. hat in sechs Katechesen auf volkstümliche Weise zur Engellehre Stellung genommen und dabei die bekannten katholischen Positionen wiederholt. Dem Vorwurf, das Opus Angelorum könne dem Papst diese Reden geschrieben haben, entbehrt inhaltlich jeder Grundlage, da kein Wort von den Sonderlehren des «Engelwerks» enthalten ist. Solche Mißverständnisse entstehen nicht selten dadurch, daß die Engellehre und die mit ihr verbundenen Traditionen der Vergessenheit anheimgefallen sind.

So heißt es zum Beispiel in seiner dritten Ansprache (vom 6. August 1986) in Offenheit gegenüber den verschiedenen theologischen Traditionen:

«Insofern die Engel Wesen von geistiger Natur sind, sind sie mit Verstand und freiem Willen ausgestattet, genau wie der Mensch, aber von höherem Grad als dieser, und doch auch nur in begrenzter, endlicher Weise infolge der Grenzen, die allen Geschöpfen eigen sind.

Die Engel sind also personale Wesen und darum wie der Mensch ebensfalls ‹Bild und Gleichnis› Gottes. Die Heilige Schrift gibt den Engeln auch Benennungen, und zwar nicht nur persönliche wie die Eigennamen Gabriel, Rafael und Michael, sondern auch Gattungsnamen wie die Bezeichnungen Serafim, Kerubim, Throne, Mächte, Gewalten, Fürsten; die Heilige Schrift unterscheidet auch zwischen Engeln und Erzengeln.

Wenn wir die analogisierende und darstellende Ausdrucksweise des heiligen Textes berücksichtigen, so können wir daraus entnehmen, daß diese personalen Wesen fast wie Gesellschaften gruppiert sind und sich nach Ordnungen und Abstufungen einteilen lassen, entsprechend dem Maß ihrer Vollkommenheit und den ihnen anvertrauten Aufgaben. Frühe Autoren wie Dionysios der Areopagite sprechen ferner – wie es auch die Liturgie der Kirche tut – von neun Engelchören. Die Theologie, besonders die patristische und die mittelalterliche, hat diese Darstellungsweise nicht zurückgewiesen, sondern versucht, ihr eine lehrmäßige und mystische Erklärung zu geben, ohne ihr jedoch absoluten Wert beizumessen.

Der heilige Thomas von Aquin hat es vorgezogen, das Erkennen und Wollen auf die Erhebung dieser reinen Geister in die Übernatur tiefer zu erforschen, sei es in bezug auf ihre Würde auf der Stufenleiter der Geschöpfe, sei es in bezug auf ihre geistigen Fähigkeiten und Tätigkeiten, um daraus das, was dem Geist an sich zu eigen ist, besser und gründlicher zu erforschen und um dann daraus Licht zu empfangen über die Grundprobleme, die von jeher das menschliche Denken bewegen und anregen: Die Erkenntnis, die Liebe, die Gelehrigkeit Gott gegenüber, die Vollendung seines Reiches.»

Der Papst scheut sich auch nicht, vom persönlichen Schutzengel zu sprechen und bemerkt, «daß sich im Bewußtsein der Kirche die Überzeugung herausbilden konnte, daß den Engeln zugunsten der Menschen ein Dienst anvertraut ist. Darum bekennt die Kirche ihren Glauben an die Schutzengel und verehrt sie mit einem eigenen Fest und empfiehlt uns, wir sollten uns ihnen häufig im Gebet anvertrauen, etwa in den bekannten Anrufungen des Schutzengels. Es ist, als ob solche Gebete sich die schönen Worte des heiligen Basilius zu eigen machten: ‹Jeder Gläubige hat einen Engel als Beschützer und Hüter neben sich, der ihn zum Leben führen soll.›»[41]

ENGEL IN GEBET
UND KIRCHENLIED

In den Kirchen des Ostens und des Westens wird an dem Grundsatz festgehalten, daß die Gebete der Christen mit ihrem Glauben übereinstimmen müßten und umgekehrt. In theologischer Terminologie formuliert: lex credendi – lex orandi. Am Beispiel der Engel kann man den Eindruck gewinnen, daß da ein besonders großer Zwiespalt klafft, nämlich zwischen dem Denken und Veröffentlichen von Theologen einerseits und dem Gehalt von Gebeten und Kirchenliedern andererseits. Gelegentlich mutet die Situation wie eine Art von Schizophrenie an, wenn die Predigt auf der Kanzel die Existenz der Wesen negiert, die in der Liturgie angerufen werden.

Gewiß bestehen theologische Unterschiede bei den Konfessionen. Für Protestanten sind die Engel nicht Thema ihrer Bekenntnisschriften und von daher kein verbindlicher Glaubensinhalt. Dagegen ist die Vorstellung von der Gemeinschaft der Heiligen, welche die Engel mit einschließt, in den katholischen und orthodoxen Liturgien selbstverständlich. Doch auch für die evangelischen Gemeinden stellt sich die Frage, ob man denn die zahlreichen Lieder des Kirchengesangbuchs, welche von der Wirklichkeit der Engel zeugen, mit Meinungen in Einklang bringen kann, die Engel für inexistent, mindestens aber irrelevant erklären.

Es lohnt sich, darüber nachzudenken, ob die Beseitigung von (unbestritten) nachrangigen theologischen Vorstellungen nicht auch auf das Zentrum des Glaubens selbst zurückwirkt. Was ist das für ein Jesus, fragt der unvoreingenommene Gläubige, der laut Gelehrtenmeinung halt gänzlich in ein dämonologisches Weltbild der Antike verstrickt ist und deshalb Engel und Teufel voraussetzt, mit deren Existenz der aufgeklärte Mensch unseres Jahrhunderts nichts mehr anfangen kann? Von solchen Bewußtseinsspaltungen sind ja bekanntlich die Gemeinden heimgesucht. Leider liegt die Wahrheit nicht einfach in der

Mitte zwischen den Extremen «Aufklärung» und «Fundamentalismus», und geschickte sprachliche Kompromißformeln, die beiden rechtzugeben versuchen, werden auch rasch durchschaut. Der Konflikt der Weltbilder wird wohl nie einfach auszuräumen sein. Aber so berechtigt die Forderung akademischer Theologen ist, man dürfe die Bibel nicht in jeder Einzelheit wörtlich nehmen, auch nicht bezüglich der Engel und ihres Wirkens, vielmehr sei das Wichtige vom Beiwerk zu unterscheiden und der Horizont der biblischen Autoren zu berücksichtigen – so berechtigt ist aber auch die Sorge, ob denn nicht ein ebenfalls zeitgebundenes Weltbild der Aufklärung, das mit geistigen Wirklichkeiten nun einfach nichts anfangen kann, verabsolutiert werde und damit zwar nicht das Zentrum des biblischen Glaubens beschnitten, aber immerhin wichtige Überzeugungen Jesu und seiner Jünger einfach weggewischt würden.

Die folgenden Texte und Hinweise sind vielleicht geeignet, für diesen Problembereich sensibler zu machen. Es muß schon zu denken geben, daß, von anderen Religionen ganz abgesehen, das Christentum fast zweitausend Jahre lang in der Liturgie, im privaten Gebet und im Kirchenlied die Engel mit Selbstverständlichkeit einbezogen hat. Es ist aber auch gleich einzuräumen, daß heute solche Bezugnahmen auch rhetorisch, ja hohl ornamental klingen können, weil nicht immer mit Überzeugung vollzogen.

Als ein herausragendes Beispiel mag das Fest Michaelis dienen, das, zwar an unterschiedlichen Kalendertagen gefeiert, in allen christlichen Kirchen noch immer eine gewisse Rolle spielt. Ohne die Annahme einer Welt der Engel wäre dieses Fest nie entstanden, und es fragt sich, ob es sich aufrechterhalten läßt, ob man an diesen Tagen Michaelslieder singen kann, wenn die weltbildlichen Vorstellungen einer solchen Wirklichkeit keinen Raum mehr geben.

Doch auch eine umgekehrte Empfindung kann entstehen: wer aufmerksam hört, was im Gebet und im Lied von den Engeln gesagt wird, auf den wirken exegetische Anstrengungen, diese Traditionsreste loszuwerden und in nüchterner Zeitgemäßheit die himmlischen Heerscharen zu einem Gegenstand der Kunstgeschichte oder gar des Aberglaubens werden zu lassen, doch oftmals recht banal.

Noch vor wenigen Jahren bedeutete in katholischen Ländern das Angelus-Läuten am Abend und am Morgen eine wichtige Zäsur des Tages. Viele Gläubige ließen sich durch das «Gebetläuten», wie es volkstümlich hieß, an das große Heilsgeheimnis erinnern, ausgedrückt in dem schlichten Text: «Der Engel des Herrn brachte Maria die Botschaft, und sie empfing vom Heiligen Geist.» Im Angelus-Gebet folgt diesem Satz ein Ave Maria, das ja wiederum mit dem Engelwort beginnt, welches vom Lukasevangelium (1,28) überliefert ist: «Der Engel trat bei ihr ein und sagte: Sei gegrüßt, du Begnadete, der Herr ist mit dir.» Die vielfach vertonte Vulgata-Fassung hat diesen Wortlaut: «Ave gratia plena: Dominus tecum: Benedicta tu in mulieribus.»

Es folgen nun im Angelus-Gebet die Sätze: «Maria sprach: Siehe, ich bin die Magd des Herrn; mir geschehe nach deinem Wort» sowie: «Und das Wort ist Fleisch geworden und hat unter uns gewohnt», jeweils ergänzt durch ein Ave. Im Anschluß an diesen dreiteiligen «Engel des Herrn» betet der Priester: «Durch die Botschaft des Engels haben wir die Menschwerdung Christi, deines Sohnes, erkannt.»

Daß Engelfrömmigkeit nicht nur eine katholische oder orthodoxe Spezialität ist, macht ein Blick in evangelische Gebet- und Gesangbücher bewußt. Dort finden sich beispielsweise auch Martin Luthers Morgen- und Abendsegen, in denen es jeweils abschließend heißt: «Dein heiliger Engel sei mit mir, daß der böse Feind keine Macht an mir finde.»

Wie die orthodoxe Göttliche Liturgie kennt auch die katholische Meßfeier bereits in den feststehenden Teilen Hinweise auf die Engel, mit denen sich die Gemeinschaft der Gläubigen in Gebet und Gotteslob verbindet. Im Schuldbekenntnis heißt es nach dem mea culpa: «Darum bitte ich die selige Jungfrau Maria, alle Engel und Heiligen und euch, Brüder und Schwestern, für mich zu beten bei Gott, unserem Herrn.»

Das (gemeinchristliche) Gloria beginnt mit dem Ausruf der Engel aus dem Weihnachtsevangelium (Lk 2,14; vgl. Jes 57,19): «Gloria in excelsis Deo. Et in terra pax hominibus bonae voluntatis.» In einer neueren Übersetzung lautet dieser Text: «Ehre sei Gott in der Höhe und Friede auf Erden den Menschen seiner Gnade.»

Von den vielen möglichen Formeln der Präfation, des Eucharistischen Hochgebetes, sei wenigstens eine zitiert: «Darum singen wir mit den Engeln und Erzengeln, den Thronen und Mächten und mit all den Scharen des himmlischen Heeres den Hochgesang von deiner göttlichen Herrlichkeit.»

Darauf folgt das Sanctus, das auch jedem Musikfreund von den Vertonungen her bekannt ist. Es ist der Ruf der Serafim (Jes 6,3), den die Apokalypse (Offb 4,8) so wiedergibt: «Heilig, heilig, heilig ist der Herr, der Gott, der Herrscher über die ganze Schöpfung; er war, und er ist, und er kommt.» Dieses Gebet, das auch heute noch (als Kadisch oder Qeduscha bezeichnet) im jüdischen Gottesdienst gebräuchlich ist, ist seit den frühesten Zeiten als liturgisches Gebet der Kirche bekannt und wird heute meist in dieser Fassung gebetet:

«Heilig, heilig, heilig,
Gott, Herr aller Mächte und Gewalten.
Erfüllt sind Himmel und Erde
von deiner Herrlichkeit.
Hosanna in der Höhe.
Hochgelobt sei,
der da kommt im Namen des Herrn.
Hosanna in der Höhe.»

Mit diesen wenigen Beispielen sollte die liturgische Bezugnahme auf die Engel angedeutet werden. Vergegenwärtigt man sich, wie intensiv die Engelpräsenz in den heute gültigen evangelischen und katholischen Kirchengesangbüchern ist, so kann man nur staunen über diesen Nachhall ehedem ungebrochener Engelgläubigkeit. Doch überrascht auch dies: nicht alle Lieder sind Erbe des Barock oder des 19. Jahrhunderts; es finden sich auch Schöpfungen unserer Gegenwart.

Ohne jeglichen Anspruch auf Vollständigkeit zitieren wir einige Strophen aus dem evangelischen Kirchengesangbuch (EKG) und dem katholischen Gotteslob (GL) und ordnen sie entsprechend dem Kirchenjahr.

Gleich unser erstes Beispiel ist neueren Datums. Der Text stammt von Jochen Klepper aus dem Jahr 1938 und wurde ein Jahr später vertont: «Die Nacht ist vorgedrungen» (EKG 14; GL 111) ist ein Adventslied und führt in der zweiten Strophe den Vers: «Dem alle Engel dienen, wird nun ein Kind und Knecht.»

Wie in der Kunst ist auch im Kirchenlied die Ankündigung des Heilandes ein häufiges Motiv. Als ein Beispiel diene «Maria war alleine» (GL 804), in dem es heißt:

«Und sieh, gesandt von oben, ein Engel trat herein:
‹Maria, hoch erhoben, gegrüßet sollst du sein!
Die Huld und Kraft des Ewgen ist mit dir.
O zage nicht, Maria, dich schmückt der Gaben Zier.
Kyrie eleison.
Du sollst der Welt gebären des Allerhöchsten Sohn,
und ewiglich wird währen des Vaters David Thron.
An dir, o Jungfrau, großes sich erweist;
du wirst von Gott empfangen, betaut vom Heiligen
    Geist.›
Kyrie eleison.»

In vielen Weihnachtsliedern tritt der Engel oder das Heer der Engel auf. «Es kam ein Engel hell und klar» (GL 138) wird in den evangelischen Kirchen erst mit der zweiten Strophe gesungen (EKG 16), die von Martin Luther stammt. Ihr liegt das Engelwort aus dem Weihnachtsevangelium zugrunde. «Vom Himmel hoch da komm ich her» ist so bekannt geworden wie die dritte Strophe von «Stille Nacht» (GL 145; EKG 406; hier ist es die zweite Strophe): «... durch der Engel Halleluja tönt es laut von fern und nah...».

Auch für die Osterzeit wird man fündig, wenn man im Liedgut nach Engeln sucht. Der Jubel der Himmel über den Todesüberwinder verbindet sich mit dem Halleluja der irdischen Gemeinde. In dem den beiden Konfessionen gemeinsamen «Gelobt sei Gott im höchsten Thron» (EKG 79, GL 218) heißt es in der dritten Strophe:

«Der Engel sprach: Nun fürcht' euch nicht,
denn ich weiß wohl, was euch gebricht;

ihr sucht Jesus; den findt ihr nicht.
Halleluja, Halleluja, Halleluja.»

In der Neufassung eines lateinischen Liedes aus dem Mittelalter heißt es in den Strophen 5 und 6 (GL 221) zum Auferstehungsbericht:

«Ein Engel strahlt im Lichtgewand,
den frommen Frauen macht bekannt,
daß Jesus Christus auferstand.
Halleluja.
‹Bleibt nicht beim leeren Grabe stehn,
ihr sollt nach Galiläa gehn,
dort werdet ihr den Meister sehn.›
Halleluja.»

Die folgende Strophe aus einem Himmelfahrtslied stammt von Gerhard Tersteegen (EKG 95,2):

«Seh ich dich gen Himmel fahren,
seh ich dich zur Rechten da,
seh ich wie der Engel Scharen
alle rufen Gloria:
sollt ich nicht zu Fuß dir fallen
und mein Herz vor Freude wallen,
da der Himmel jubiliert,
weil mein König triumphiert?»

Ein katholisches Lied zum Himmelfahrtsfest (GL 825,2) lautet folgendermaßen:

«Ewge Himmelstore, weit nun öffnet euch!
Seht, der Ehre König ist zum Einzug da.
Wer ist dieser König, dem das Reich gebührt?
Er, der Engelscharen mächtger Herrscher, ist's.
Halleluja.»

In den Fronleichnamsliedern schlägt sich der Gedanke von der Eucharistie als panis angelorum nieder. So auch in der Nachdichtung des von Thomas von Aquin stammenden Lauda Sion Salvatorem (GL 887,):

«Seht das Brot, der Engel Speise,
Brot auf unsrer Pilgerreise,
das den Hunger wahrhaft stillt.
Abrams Opfer hat's gedeutet,
war in Manna vorbereitet,
fand im Osterlamm sein Bild.»

Für das Fest Michaelis bietet das EKG (115, andere Übertragung 116) eine Übersetzung von Philipp Melanchthons Dicimus gratias tibi, in dem die ganze Welt der Engel (und der Dämonen) enthalten ist:

«1. Herr Gott, dich loben alle wir und sollen billig danken dir für dein' Geschöpf' der Engel schön, die um dich schweben in deim Thron.

2. Sie glänzen hell und leuchten klar und sehen dich ganz offenbar, deine Stimm sie hören allezeit und sind voll göttlicher Weisheit.

3. Sie feiern auch und schlafen nicht, ihr Fleiß ist gar dahin gericht', daß sie um dich, o Herr Gott, sein und um dein armes Häufelein.

4. Der alte Drach, der böse Feind, vor Neid und Haß und Zorne brennt; wie er zuvor hat bracht in Not die Welt, führt er sie noch in' Tod.

5. Sein Sinnen steht allein darauf, wie von ihm werd zertrennt dein Hauf; Kirch, Wort, Gesetz, all Ehrbarkeit zu tilgen, ist er stets bereit.

6. Darum kein Rast noch Ruh er hat, brüllt wie ein Löw, tracht früh und spat, legt Garn und Strick, braucht falsche List, daß er verderb, was christlich ist.

7. Indessen wacht der Engel Schar, die Christo folget immerdar, und schützet deine Christenheit, wehret des Teufels Listigkeit.

8. Darum wir billig loben dich und danken dir, Gott, ewiglich, wie auch der lieben Engel Schar dich preiset heut und immerdar,

9. und bitten dich, du wollst allzeit dieselben heißen sein bereit, zu schützen deine kleine Herd, die hält an deinem Worte wert.

10. Lob, Ehr sei Gott im höchsten Thron, desgleichen Christo, seinem Sohn, und auch dem Tröster in der Not, dem dreifaltigen Einen Gott.»

Die Kirchen kennen auch Morgen- (EKG 339,2; GL 667) und Abendlieder (EKG 355,2), in denen der Schutz der Engel erbeten wird. Der Schutzengel wird eines Tages auch der Todesengel sein (EKG 247,3), wie es in den berühmten Zeilen heißt:

«Ach, Herr, laß dein' lieb Engelein
an meinem End die Seele mein
in Abrahams Schoß tragen...»

Ein beliebtes katholisches Abendlied ruft in seiner letzten Strophe die Gemeinschaft der Heiligen auf (GL 703):

«O große Frau, Maria auf mich schau;
mein Herz ich dir vertrau in meinem Schlafen.
Auch schütze mich, Sankt Josef, väterlich.
Schutzengel streit für mich mit deinen Waffen.»

Zu Anlässen wie Taufe, Trauung und Beerdigung werden (den Konfessionen gemeinsame) Lieder gesungen, als Lobpreis Gottes in der Gemeinschaft mit den Engeln. Ein Tauflied (EKG 149,5) spricht vom Schutzengel:

«Durch deine Engel es bewahr
vor Unfall, Schaden und Gefahr;
erbarm dich seiner gnädiglich,
gib deinen Segen mildiglich.»

Sehr bekannt ist auch das Beerdigungslied (GL 84):

«Zum Paradiese mögen Engel dich begleiten,
die heiligen Märtyrer dich begrüßen
und dich führen
in die heilige Stadt Jerusalem.
Die Chöre der Engel mögen dich empfangen,
und durch Christus,
der für dich gestorben,
soll ewiges Leben dich erfreuen.»

Für die irdische Reise gilt die folgende Strophe des Dichters Paul Fleming (EKG 292,13):

«Sein Engel, der getreue, macht meine Feinde scheue,
tritt zwischen mich und sie.
Durch seinen Zug, den frommen, sind wir soweit nun
kommen
und wissen selber fast nicht wie.»

Erwähnt werden muß auch das berühmte Te Deum mit
seiner zweiten Strophe (EKG 461; GL 257):

«Alles, was dich preisen kann,
Cherubim und Seraphinen
Stimmen dir ein Loblied an;
alle Engel, die dir dienen, rufen dir stets ohne Ruh:
‹Heilig, heilig, heilig› zu.»

Eines der schönsten Abend- und gleichzeitig Sterbegebete
stammt von John Henry Newman [42], die Übertragung von
Otto Karrer. Ganz Verhalten wird die Begegnung mit dem
Engel zum Thema:

«Führe Du, mildes Licht im Dunkel, das mich umgibt,
führe du mich hinan!
Die Nacht ist finster, und ich bin fern der Heimat:
führe Du mich hinan!
Leite Du meinen Fuß – sehe ich auch nicht weiter:
wenn ich nur sehe jeden Schritt.

Einst war ich weit, zu beten, daß Du mich führest.
Selbst wollt' ich wählen.
Selbst mir Licht, trotzend dem Abgrund,
dachte ich meinen Pfad zu bestimmen,
setzte mir stolz das eigene Ziel.
Aber jetzt – laß es vergessen sein.

Du hast so lang mich behütet – wirst mich
auch weiter führen: über sumpfiges Moor,
über Ströme und lauernde Klippen,
bis vorüber die Nacht
und im Morgenlicht Engel mir winken.
Ach, ich habe sie längst geliebt –
nur vergessen für kurze Zeit.»

In einer solchen Zusammenstellung darf auch das wohl bekannteste Gedicht und Gebet der Gegenwart zu unserem Thema nicht fehlen. Der allseits beliebte Text, den Dietrich Bonhoeffer[43] im Dezember 1944 im Gefängnis verfaßt hat, zeigt, daß auch in unserem Jahrhundert von Engeln gesprochen werden kann und daß in diesem Fall auch ein namhafter Theologe, der keineswegs traditonelle Wege gegangen ist, zu diesem Bereich der Wirklichkeit Zugang findet.

«Von guten Mächten treu und still umgeben,
behütet und getröstet wunderbar,
so will ich diese Tage mit euch leben
und mit euch gehen in ein neues Jahr.

Noch will das alte unsre Herzen quälen,
noch drückt uns böser Tage schwere Last,
ach, Herr, gib unsern aufgescheuchten Seelen
das Heil, für das Du uns bereitet hast.

Und reichst Du uns den schweren Kelch, den bittern
des Leids, gefüllt bis an den höchsten Rand,
so nehmen wir ihn dankbar ohne Zittern
aus Deiner guten und geliebten Hand.

Doch willst Du uns noch einmal Freude schenken
an dieser Welt und ihrer Sonne Glanz,
dann wolln wir des Vergangenen gedenken,
und dann gehört Dir unser Leben ganz.

Laß warm und still die Kerzen heute flammen,
die Du in unsre Dunkelheit gebracht,
führ, wenn es sein kann, wieder uns zusammen.
Wir wissen es, Dein Licht scheint in der Nacht.

Wenn sich die Stille nun tief um uns breitet,
so laß uns hören jenen vollen Klang
der Welt, die unsichtbar sich um uns weitet,
all Deiner Kinder hohen Lobgesang.

Von guten Mächten wunderbar geborgen,
erwarten wir getrost, was kommen mag.
Gott ist mit uns am Abend und am Morgen
und ganz gewiß an jedem neuen Tag.»

EINE ANMERKUNG
ZU KUNST UND LITERATUR

Vielleicht hat sich im Leser, wie beim Autor, inzwischen die Überzeugung eingestellt, daß die Engel ein viel zu gewaltiges und schönes Thema sind, als daß man sie der theologischen Philologie überlassen dürfte. Man bedenke nur: die Geschichte der Kunst sähe ganz anders aus ohne das vielgestaltige Bild vom Engel. Doch auch der musische Bereich gibt uns zahllose Fragen auf.

Da die Bibel ja mit allergrößter Zurückhaltung von den Engelerscheinungen spricht, der darstellende Künstler aber nicht in der Abstraktion verbleiben konnte (und kann), erhielt der christliche Engel die Gestalt antiker Vorbilder: von Eros/Amor und Nike/Victoria, von Genien und griechisch-römischen Götterbildern. Was wir beispielsweise auf vielen Weihnachtskarten oder in der Schaufensterdekoration erleben (leichtgeschürztes Flügelwesen mit Spruchband «Gloria in excelsis» usw.) wird zwar christlich als Engel gedeutet, ist in aller Regel jedoch antiken Halbgöttern nachempfunden. Wir denken bei solchen Gestaltungen spontan nicht an das antike Pantheon, sondern an den christlichen Himmel. Die heidnisch-antike Gestalt hat sich erhalten, radikal geändert hat sich der Sinngehalt. Das ist auch verständlich. Für christliche Kunst hat es nie einen voraussetzungslosen Beginn gegeben. Von Anfang an standen Vorlagen zur Verfügung, an die sie sich anlehnen mußte, auch wenn sie einen neuen Geist vermitteln wollte. Aber ebenso wie die antike Formenwelt ins Christentum hereingeholt wurde, ebenso hat der Geist der Antike die christliche Kunst vielfach wieder eingeholt, namentlich in Renaissance und Barock. Der nackte Kinderengel mit Speckfalten in den Oberschenkeln ist kaum mehr geeignet, einen Boten des Allerhöchsten zu repräsentieren. Die kunstvollen Verniedlichungen der Putti, hinter denen die antiken Eroten noch aufscheinen, haben zur Banalisierung der Engel-Idee beigetragen. Der

Ernst ist verlorengegangen, und mit ihm ist der Engel aus unserem Bewußtsein geschwunden.

Die kunstgeschichtliche Betrachtung des Engel-Motivs kann in die gleiche Gefahr geraten, in der sich philologische Exegese und positivistische Religionswissenschaft befinden: vor lauter Stammbäumen und Datierungsproblemen, vor lauter Kunst des Vergleichs, der Katalogisierung und Beschreibung der Attribute kann man die Fühlung zu dem verlieren, was uns das Urbild des Engels sagen will.

Als Träger der Botschaft kündet er von Gott und läßt uns sein machtvolles Handeln zu unserem Heil erfahren. Die Tröstung der Hagar in der Wüste, die Opferung Isaaks durch Abraham, Jakobs Traum von der Himmelsleiter und sein Kampf mit dem Engel, Moses am brennenden Dornbusch oder Daniel in der Löwengrube sind nur einige der Szenen, die Künstler inspiriert haben und an denen wir erfahren können, was die Bibel mit dem Engel ausdrücken will.

Demgegenüber ist es nachrangig, ob das einzelne Engelbild geflügelt ist oder nicht, mit oder ohne Bart, nackt oder bekleidet und mit welcher Kleidung; ob es einen Nimbus aufweist und in welcher Farbe dieser gehalten ist; welche Bedeutung man den Farben in Engeldarstellungen beimessen soll; schließlich ob der Engel als Mann dargestellt ist oder als Jüngling oder als Androgyn oder ob er von weiblicher Weichheit gezeichnet ist. Für die Fachwelt sind solch nüchterne Fragen unerläßlich, das Wissen um die kunstgeschichtlichen Methoden und Kriterien ist sicherlich auch für das rechte Verständnis des Engelbildes sehr nützlich. Als Kunstbetrachter wird man sich aber immer wieder daran erinnern müssen, das eigentlich Entscheidende nicht zu übersehen.

Wer sich in die zahllosen Engelgestalten in Farbe, in Holz oder Stein, in Kirchenfenstern und in Buchmalereien vertiefen will, sollte sich neben Fachliteratur auch mit dem bedeutenden Werk Rosenbergs «Engel und Dämonen» vertraut machen. Nur selten gelingt es einer Darstellung, die kunsthistorischen Monumente mit der tiefen Symbolkenntnis und der eigenen religiösen Erfahrung zu verbinden. Rosenbergs Aussagen beruhen eben nicht nur auf dem Studium des Motivs, sondern sie sind durchdrungen vom ganz persönlichen Engelerlebnis. Ein Ausschnitt mag dies verdeutlichen[44]:

«Die großen Urbilder des Seins sind dem Menschen vorgegeben – er vermag sie weder zu erfinden noch zu verleugnen, sie kehren unaufhörlich wieder in den Bildern seiner Imagination, in seinen schöpferischen Gestaltungen. Jenseits seines Willens oder seines Bewußtseins wirken sie in ihm als Fermente, als Bildekräfte seines Denkens und Formens. Archetypen, das heißt Urbilder, nennen Platon und Augustinus diese Wirkkräfte, die in sich selber beständig und unwandelbar – sich in jeder Phase der menschlichen Kultur in immer neuen Formen ausprägen. Da aber die Urbilder selber unsichtbar sind, so ist ein Rückschluß auf ihre prägende Wirklichkeit einzig möglich durch ihre Abbilder in der Kunst und im sozialen Gefüge der einander folgenden Kulturepochen. Denn vom Gewirkten läßt sich auf ein Wirkendes schließen. […] Alle sichtbaren Engelgestalten der Kunst oder der Imagination sind zeitbedingte Abbilder der Urmacht ‹Engel›, jener vorgestalthaften Geistmächte, die sich unmittelbarer Einsicht entziehen. Man kann des Urengels nicht habhaft werden; er ist ewig, seine durch die Religionen und die Kunst vermittelten Abbilder jedoch sind vergänglich, das will aber besagen ‹sterblich›. Diese kraftvollen bis manierierten Abbilder des Urphänomens ‹Engel› erscheinen und verschwinden auch wieder im Wandel der Kulturen und des Bewußtseins. Sie lösen einander ab: aus mächtigen Engelgestalten werden niedliche, aus strengen liebliche, aus betont männlichen hermaphroditische und schließlich weibliche, aus Jünglingen Kinder, aus Waffenlosen Bewaffnete. So gleicht der Kreis der von Menschen geschaffenen Engelbilder den Stadien des Erblühens und Welkens einer Rose, von der Knospe bis zu ihrem Entblättern. In der Frühzeit einer Kultur tritt das Bild des Engels herb und knospenhaft in Erscheinung, in den Spätzeiten ‹stirbt› es, überfeinert und präziös geworden oder zur bloßen Floskel erstarrt.»

Der Religionsphilosoph Romano Guardini, der dem Engel-Motiv vielfach nachgegangen ist, zum Beispiel in eigenen Monographien über Dante und Rilke, kommt zu einem sehr herben Urteil über den Engel in der bildenden Kunst. Nach den Mosaiken von Ravenna findet kaum noch eine Gestaltung seine Zustimmung. So heißt es bei Guardini[45] kategorisch:

«Wer sehen will, was [die Engel] eigentlich sind und wie sie im christlichen Dasein stehen, muß das meiste vergessen, was die Kunst der letzten fünf bis sechs Jahrhunderte – von der Andachtsindustrie nicht zu reden – hervorgebracht hat und sich zuerst durch das Alte Testament belehren lassen.»

Der Freund religiöser Kunst wird hier mit Vorbehalten reagieren. Wer Florenz und die Toscana besucht, kann von den ungezählten und durchaus frommen Verkündigungsszenen nicht unbeeindruckt bleiben. Auch scheint Guardini die strengere Ikonenmalerei der Kirchen des Ostens nicht in sein Blickfeld aufgenommen zu haben. Einen künstlerischen wie geistlichen Höhepunkt stellen dabei die Werke des russischen Malermönchs Andrej Rubljov dar.

Hinter künstlerischen Gestaltungen, auch der Gegenwart, stehen nicht nur formale Vorbilder aus der Geschichte der Kunst. Persönliche Erfahrungen können Bild geworden sein. Eindrucksvolles Beispiel ist das Werk von Marc Chagall. Er, in dessen Arbeiten geflügelte Wesen auffallend präsent sind, berichtet in einer autobiographischen Notiz ein Engelerlebnis aus seiner Jugend in St. Petersburg. Vielleicht handelt es sich um eine vorreligiöse Erfahrung, die man deuten mag als ein Bild für künstlerische Inspiration.

Es liegt nahe, daß die Engelbilder aller Zeiten vom selben Urquell stammen. Wer bereit ist, die Erfahrungen in der Bibel und in den Lebensberichten von Heiligen ernst zu nehmen, sollte der nicht auch Visionen, die heute gemacht werden, würdigen? Es ist nicht einzusehen, daß zwischen diesen Erfahrungen von einst und von heute ein Wesensunterschied bestehen sollte. Darauf kann Marc Chagall aufmerksam machen, dessen Engelfenster im Zürcher Fraumünster so eindrucksvoll wie beliebt ist. In seiner Autobiographie[46] schreibt er:

«In diesen Zimmern, mit Arbeitern und Straßenhändlern als Nachbarn, blieb mir nichts anderes übrig, als mich auf den Bettrand zu legen und über mein Leben zu grübeln. Worüber sonst? Und Träume suchten mich heim: ein viereckiges Zimmer, leer. In einer Ecke ein Bett und ich darin. Es wird dunkel.

Plötzlich öffnet sich die Zimmerdecke, und ein geflügeltes Wesen schwebt hernieder mit Glanz und Gepränge und erfüllt das Zimmer mit wogendem Dunst.

Es rauschen die schleifenden Flügel.

Ein Engel! denke ich. Ich kann die Augen nicht öffnen, es ist zu hell, zu gleißend.

Nachdem er alles durchschweift hat, steigt er empor und entschwindet durch den Spalt der Decke, nimmt alles Licht und Himmelblau mit sich fort.

Dunkel ist wieder. Ich erwache.

Mein Bild ‹Erscheinung› gibt diesen Traum wieder.»

Die Engel der Literatur entziehen sich gänzlich einem definitorischen Zugriff. Nicht nur die Materialfülle, vom Gilgamesch-Epos bis zu Peter Handke und Salman Rushdie, ist unübersehbar, der Bedeutungsgehalt vor allem ist es, der sich allen Begriffsbestimmungen verschließt. Der Dichter verwendet den Engel und die damit verbundenen Assoziationen oftmals willkürlich, er sieht sich gelegentlich sogar veranlaßt, die Auslegungen seiner Interpreten abzuwehren; Rilke ist dafür das berühmteste Beispiel. Und dennoch: Bei aller Ratlosigkeit, in die uns so manches Gedicht versetzt, ist eines nicht zu verkennen: Das Urbild des Engels, das sich immer noch aus der biblischen Tradition nährt, scheint durch alle symbolisch-metaphorische Redeweise hindurch, und zwar in seiner doppelten Gestalt: als Engel des Lichts und als Engel der Finsternis. Flüchtig oft nur und andeutungsweise taucht der Engel auf, still und verhalten, wie es seiner Natur entspricht – wer aber dem Motiv in der Literatur Interesse entgegenbringt, wird mit der Omnipräsenz des Engels belohnt.

An Dante können wir hier nur erinnern, in dessen «Divina commedia» eine ganze Angelologie entwickelt wird, unter Einschluß theologischer Streitigkeiten um die Reihenfolge der Engelordnungen, ganz ernst gemeint, wenn auch spitzfindig wie die zeitgenössische Scholastik. In Miltons «Verlorenem Paradies» erahnen wir schon nichts mehr vom mysterium iniquitatis, das der Mythos vom Fall der Engel ausdrücken will; Miltons Anthropomorphismus ist nicht geeignet, Ehrfurcht vor den Engeln einzuflößen. Wer sich in seine Bildhaftigkeit vertieft und dabei die Grenzen der Versinnlichung christlicher Heilswahrheiten erfährt, ist vielleicht geneigt, die theologische Sünde der Abstraktheit, unter der wir heute leiden, mit größerer Nachsicht zu beurteilen. Doch manches fromme Gedicht und beliebte Kirchenlied aus der Barockzeit vermögen in ihrer Schlichtheit noch immer anzurühren; man denke an Paul Gerhardt oder Gerhard Tersteegen.

Um uns nicht in die Gefahr einer ausufernden historischen Rückschau zu begeben, wollen wir die Pléiade der Dichter von Hölderlin bis Stefan George, von Paul Valéry und Paul Claudel bis Georg Trakl und Else Lasker-Schüler dem Leser zur Lektüre anempfehlen und uns auf die Spuren der Engel in der Gegenwartsliteratur begeben.

Als Beispiele für die Präsenz des Engels mögen die beiden US-amerikanischen Literaturnobelpreisträger von 1976 und 1978 dienen, Saul Bellow und Isaac Bashevis Singer. Beginnen wir mit letzterem.

Singer, 1904 im polnischen Radzymin geboren, ist Sohn eines Rabbiners und hatte selbst ein Rabbinerseminar besucht, bevor er 1935 in die Vereinigten Staaten auswanderte. Singer schreibt zumeist jiddisch, und von seiner ostjüdischen Herkunft, von der chassidischen Religiosität ist das schriftstellerische Werk geprägt. In dem 1935 entstandenen Roman «Satan in Goraj» ist die Allgegenwart von Dämonen und Todesengeln ganz selbstverständlich. Ebenso eindrucksvoll für unser Thema sind die 1966 geschriebenen Kindheitserinnerungen «Mein Vater, der Rabbi» [47]. Vor dem inneren Auge des Lesers entsteht ein lebhaftes und bewegendes Bild vom jüdischen Alltag und dem Weltbild des orthodoxen Judentums in Osteuropa. Nicht minder real als die Armut sind die Teufel, die Engel so natürlich wie Wiesen, Wasser und Licht:

«Der Sabbatabend wurde bei uns immer sehr feierlich begangen. ... Wenn es dämmerte, pflegte mein Vater mit seiner Gemeinde das Mahl zum Sabbatausklang einzunehmen. Das Haus blieb ohne Licht. ... Mein Vater redete noch, als schon die ersten Sterne und oft auch der Mond sichtbar wurden. In meiner Vorstellung verbanden sich meines Vaters Gespräche über die Seele und den ‹Thron der Herrlichkeit› stets mit dem Leuchten der Sterne, dem Antlitz des Mondes und den Silhouetten der Wolken. Die Geheimnisse der Tora waren eins mit den Geheimnissen der Welt, und nie sonst fühlte ich das so deutlich wie am Sabbatabend nach Sonnenuntergang, kurz ehe die Kerzen angezündet wurden. Meine Mutter saß dann in einem anderen Zimmer und murmelte leise das Gebet ‹Gott Abrahams›. Unsere Wohnung war zu dieser Stunde ganz erfüllt vom Geiste Gottes, von Engeln und von Geheimnissen, von einer eigenartigen Sehnsucht und einem Verlangen, wie sie niemand beschreiben kann.»

Solche Erfahrungen sind nicht auf das Judentum beschränkt – die Frommen aller Religionen und Konfessionen können von solchen Erlebnissen des Einklangs berichten; diese Erfahrungen scheinen aber seltener zu werden.

Mag man die Engel, den metaphysischen Raum bei Singer noch als thematische Notwendigkeit im Rahmen seiner chassidischen Sujets akzeptieren, so sind die Engel bei Saul Bellow ein gänzlich unerwartetes Kontrastthema in seiner Darstellung der amerikanischen Gegenwartsgesellschaft. Der 1915 in Canada geborene Sohn russisch-jüdischer Einwanderer lebt in Chicago und ist ein mit allen abendländischen Bildungsgütern vollgestopfter Intellektueller. Sein Roman «Humboldts Vermächtnis»[48] von 1975 macht uns ausgerechnet mit anthroposophischen Gedankengängen bekannt. Bellow bezieht sich ausdrücklich auf Rudolf Steiner und dessen Erkenntnisse der höheren Welten. Er steigt in die Spekulationen über die Chöre der Engel ein und setzt dabei ganz selbstverständlich die griechischen Begriffe voraus, wie sie der heilige Paulus und Pseudo-Dionysios Areopagita verwenden. Hier ein Ausschnitt, in dem die Hauptfigur des Romans, Charles Citrine, von seinem, wie es heißt, «anthroposophischen Guru» Dr. Scheldt unterwiesen wird:

«Dann redet er vom Evangelium des Johannes, der sich von den weisheitserfüllten Cherubim befruchten ließ, während das Evangelium des Lukas sich auf die feurige Liebe der Seraphim stützt – Cherubim, Seraphim und Throne sind dabei die höchste geistige Hierarchie. Ich bin nicht ganz sicher, daß ich folgen kann. ‹Ich habe nicht die geringste Erfahrung mit dieser fortgeschrittenen Materie, Dr. Scheldt, aber ich finde es trotzdem gut und tröstlich, alles gesagt zu bekommen, ausgesprochen zu hören. Ich weiß überhaupt nicht, wo ich stehe. Eines Tages, wenn das Leben ruhiger geworden ist, werde ich mich in den Ausbildungskurs versenken und Ernst damit machen.›»

Wir begegnen hier in einem der Unterhaltungsliteratur angenäherten Romanwerk, das zudem keine Tabus kennt, der Steinerschen Anthroposophie und ihrer Engellehre. Ein amerikanischer Jude vermittelt in überraschendem Zusammenhang eine neognostische Weltanschauung, die offenbar längst den Atlantik überquert hat.

Das Urbild des Engels, wie es Bibel und jüdisch-christliche Tradition kennen, bleibt hinter allen dichterischen Verfremdungen lebenskräftig. Der Archetyp ist bis heute mächtiger geblieben als alle Säkularisierung der Religion.

EIN ZUGANG
ZUR ENGELERFAHRUNG

«Wohin sind die Tage Tobiae?» klagte Rilke und mit ihm
so mancher, dem die Geborgenheit abhanden gekommen
ist, die ihm in Kinderzeiten selbstverständlich war. Unsere
Suche nach dem Engel, wenigstens aber nach dem Engel-
Motiv, kommt allmählich an ein Ende. So sei unser Ver-
such noch einmal rekapituliert, bevor wir einen letzten
Ansatz wagen. Ausgangspunkt war uns die weitverbrei-
tete, aber unbedachte Rede vom Engel in der heutigen
Medienwelt, sozusagen im Stand äußerster Banalisierung.
Nach definitorischen Annäherungen haben wir einen
Blick in die Bibel geworfen, auch in die Religionsgeschich-
te, in die Theologie und in die den Theologen eigenen
Weltbilder. Kunst und Literatur wurden gestreift. Nun
müssen wir zu einem Abschluß kommen. Wir kehren zu
Erfahrungen zurück, die allem Anschein nach mit jenen
Erfahrungen verwandt sind, von denen uns Religions- und
Frömmigkeitsgeschichte zu berichten wissen. Wir begeben
uns, das sei eingestanden, auf ein kaum bestelltes Feld, auf
dem man sich – die Irrgänge des New Age beweisen es –
wie auf unvermessenem Gelände verlaufen kann.
Klären wir deshalb die Voraussetzungen, von denen wir
Ausgang nehmen.
Der Rede vom Engel, soweit sie ernsthaft ist, liegen
Erfahrungen zugrunde – mag sich zwischen die ursprünglichen Erfahrungen und die philosophisch-theologischen
Spekulationen über diese auch ein langer Zeitraum
geschoben haben. Engelerfahrungen sind weder auf die
biblische Zeit noch auf das Leben kanonisierter Heiliger
oder Religionsstifter einzuschränken; solche Erfahrungen
werden auch heute bekundet. Engelerlebnisse, der Vergangenheit wie der Gegenwart, werden beschrieben als
auditive bzw. visuelle Beeindruckungen, die sich den Betroffenen in der Regel als akustische bzw. optische Wirklichkeit darstellen. Angesichts der Stärke des Erlebnisses,
das ja oftmals eine lebensprägende oder lebensverändern-

de Wirkung hat, wirkt die Frage nach der Objektivierbarkeit fast deplaziert. Wer sich einem solchen Erlebnis ausgesetzt sah, versteht kaum die wissenschaftliche Neugierde, ob sich die Erscheinungen vielleicht auch über Tonband und Kamera fassen lassen.

Engel werden aber auch ganz bewußt als Innenschau, als innere Stimme erlebt; daß eine Erfahrung im Traum gemacht wird, macht diese nicht minder real, wenn wir unsere Aufmerksamkeit auf die inhaltliche Seite, auf die Botschaft richten und nicht so ausschließlich auf das «Wie?». Wir erinnern: der Erzengel Rafael gesteht im Alten Testament dem Tobias: «Ich war nur eine Erscheinung», und dem Joseph des Neuen Testaments erschien gleich mehrfach «im Traum ein Engel».

Die Phänomenologie des Ekstatischen ist damit nicht erschöpft, doch können wir uns auf die genannten Kategorien beschränken. Es sei allerdings auch auf die nicht-ekstatischen Erfahrungen hingewiesen, wenn jemand etwa den überzeugenden Eindruck hat, ihm widerfahre das Wirken geistiger Mächte über das unerwartete Verhalten, Eingreifen und Wirken anderer Menschen oder im Arrangement von Vorgängen, die gemeinhin «Zufall» genannt werden. Da eine empirische Überprüfung grundsätzlich ausgeschlossen ist, hängt fast alles an der allgemeinen Glaubwürdigkeit des Berichterstatters, also des Betroffenen, zu der allerdings auch die erkenntnisleitenden biblischen «Früchte» gezählt werden dürfen.

Zusammenfassend und als gemeinsamer Nenner der Erfahrungsseite kann gelten: Engelerfahrungen werden mit den Sinnen bzw. den geistig-seelischen Aufnahmeorganen gemacht, die menschliches Allgemeingut sind.

Nur wenige Menschen machen solche außerordentliche Erfahrungen, und noch weniger wagen darüber zu sprechen, mit guten Gründen. Unterschiedliche Kulturen und Epochen zeigen Unterschiede in der Häufigkeit der Berichte. Deutlich unterscheidet sich auch die bildhafte Einkleidung, in der die Erlebnisse gemacht werden, aber das ändert nichts an der naturalen Basis, über die die Erfahrung erfolgt.

Apodiktische Aussagen von der Art «das gibt es nicht» oder auch «alles Betrug» oder «das ist eine Persönlichkeitsabspaltung» gehen zunächst einmal am Selbstverständnis der Betroffenen vorbei. Sie scheinen darüber hinaus auch die Fülle des historischen wie des aktuellen Erlebnismaterials nicht annähernd zur Kenntnis zu nehmen.

Der «Engel» ist, um es drastisch zu sagen, kein geschütztes Warenzeichen. Auch bei der Beschreibung von Erfahrungen wird der Begriff für ganz unterschiedliche Inhalte in Anspruch genommen. Von metaphorischer Verwendung ganz abgesehen, finden wir den Begriff «Engel» keineswegs nur als Bezeichnung für ein Zwischenwesen zwischen Gott und Mensch, für das also, was die christliche Tradition darunter versteht, sondern auch für die Seelen Verstorbener, ja sogar für Naturgeister unbestimmter Zugehörigkeit. Und schließlich stoßen wir auf Berichte, in denen das Wort «Engel» gar nicht ausdrücklich fällt, wo sich aber vom Erlebnis her die Engelvorstellung geradezu aufdrängt. Ein solches Beispiel soll uns nun auch erläutern, wie wir uns heute einer Engelerfahrung nähern könnten, sozusagen von unserem Weltbild her und mit all den Vorbehalten der Neuzeit. Das umfangreiche Werk von Carl Gustav Jung nimmt an vielen Stellen im Rahmen der Deutung archetypischer Bilder Bezug auf die Engel, die Mächte und Gewalten, das Tetramorph, vogelartige Wesen, usw. Der uns hier interessierende und besonders eindrucksvolle Bericht findet sich außerhalb des Gesamtwerks, nämlich in dem von Aniela Jaffé aufgezeichneten Band «Erinnerungen, Träume und Gedanken von C.G. Jung» [49]. Unter der Kapitelüberschrift «Die Auseinandersetzung mit dem Unbewußten» berichtet Jung ein Eigenerlebnis, das Auftauchen einer Phantasiegestalt aus dem Unbewußten, die er so nachhaltig als personales Gegenüber empfindet, daß er ihr den Namen Philemon gibt. Zunächst schwebt sie beim Ersterlebnis im Traum in Gestalt eines alten Mannes mit Stierhörnern und Flügeln von rechts herbei, später läßt sich Philemon evozieren. Hören wir die entscheidenden Aussagen Jungs dazu:

«Philemon und andere Phantasiegestalten brachten mir die entscheidende Erkenntnis, daß es Dinge in der Seele gibt, die nicht ich mache, sondern die sich selber machen und ihr eigenes Leben haben. Philemon stellte eine eigene

Kraft dar, die ich nicht war. Ich führte Phantasiegespräche mit ihm, und er sprach Dinge aus, die ich nicht bewußt gedacht hatte. Ich nahm genau wahr, daß er es war, der redete und nicht ich. Er erklärte mir, daß ich mit den Gedanken so umginge, als hätte ich sie selbst erzeugt, während sie nach seiner Ansicht eigenes Leben besäßen wie Tiere im Walde, oder Menschen in einem Zimmer, oder wie Vögel in der Luft: ‹Wenn du Menschen in einem Zimmer siehst, würdest du auch nicht sagen, du hättest sie gemacht, oder du seist für sie verantwortlich›, belehrte er mich. So brachte er mir allmählich die psychische Objektivität, die ‹Wirklichkeit der Seele› bei.

Durch die Gespräche mit Philemon verdeutlichte sich mir die Unterschiedenheit zwischen mir und meinem gedanklichen Objekt. Auch er war mir sozusagen objektiv gegenübergetreten, und ich verstand, daß etwas in mir ist, was Dinge aussprechen kann, die ich nicht weiß und nicht meine, Dinge, die vielleicht sogar gegen mich gerichtet sind.

Psychologisch stellte Philemon eine überlegene Einsicht dar. Er war für mich eine geheimnisvolle Figur. Zuzeiten kam er mir fast wie physisch real vor. Ich ging mit ihm im Garten auf und ab, und er war mir das, was die Inder als Guru bezeichnen.»

Soweit dieser wichtige Text Jungs, aus dem noch einmal einige Gedanken hervorgehoben werden sollen: in der Seele ereignen sich Dinge, die «ihr eigenes Leben haben»; Philemon war Jung «sozusagen objektiv gegenübergetreten»; er äußerte Dinge, «die ich nicht weiß und nicht meine»; der auditiv-visuelle Eindruck ist so stark, daß Jung seine «Phantasiegestalt» Philemon «wie physisch real» vorkommt. Jung empfand Philemon als seinen Guru, und er fügt hinzu, daß nach indischen Vorstellungen auch ein Verstorbener ein Guru sein könne.

Wir wollen nun keineswegs behaupten, Jung sei hier ein Engel erschienen, doch sei die Frage aufgeworfen, ob im Philemon-Erlebnis nicht ein Modell gesehen werden kann, nach dem auch Engel-Erlebnisse psychologisch zugänglich sind. Nimmt man nämlich den Jungschen Text genau zur Kenntnis, kann man nicht daran vorbei, daß die übliche Gegenüberstellung von einerseits: «das ist nur ein innerseelischer Vorgang» und andererseits: «das muß eine Einwirkung von außen sein» geradezu aufgehoben wird; sie hat hier gar keinen Platz.

Da nun auch ein im engeren Sinne religiöses Erlebnis einer naturalen Basis bedarf, scheint die Überlegung berechtigt, ob nicht auch Engel-Erlebnisse nach diesem Modell gedeutet werden könnten. Nicht einmal die Bibel steht dem entgegen.

Nebenbei bemerkt, kann der von Jung wohl reflektierte und mit der Autorität seiner psychischen und psychologischen Erfahrung vorgelegte Bericht vielleicht auch für eine Mentalität den Zugang zur größeren Wirklichkeit des Seelischen eröffnen, die sich der ungewöhnlichen und somit der religiösen Erfahrung verschließen zu müssen glaubt. Jung macht jedenfalls nachdenklich, auch mit dem folgenden Wort:

«Ob ich an einen Dämon glaube oder an einen Faktor im Unbewußten, der mir einen teuflischen Streich spielt, ist irrelevant. Die Tatsache, daß der Mensch von fremden Mächten in seiner eingebildeten Einheitlichkeit bedroht ist, bleibt dieselbe.»

Ein Hinweis auf den russischen Theologen Sergej Bulgakov und seine noch nicht ins Deutsche übersetzte Angelologie «Die Jakobsleiter» [50] von 1928 soll zum Ausklang einen Denkanstoß vermitteln.

Unter Verweis auf die ostkirchliche 9. Ode zum Schutzengelfest – «Einen Beschützer hast Du mir von Kindheit an zugesellt, denn Du bist ein menschenliebender Gott... einen Beschützer, der mir für alle Zeiten gegeben ist» – bemerkt Bulgakov, daß wir am Beginn unseres Lebens diesem Beschützer begegnen und daß derselbe uns im Tod in Empfang nimmt. Daß der Mensch auf dem Totenbett allein sei, das gelte nur gegenüber Mitmenschen; «aber sein Engel ist mit ihm».

Neben den biblischen Aussagen begründet dies der Autor noch mit einem längeren Auszug aus «persönlichen Aufzeichnungen», die bemerkenswert sind. Hier liegt der ganz seltene Ausnahmefall vor, daß ein Theologe sich mit einem Grenzerlebnis auseinandersetzt, das sowohl an die Mystik als auch an thanatologische Erfahrungen erinnert. Davon ein kurzer Auszug:

«...Während Stunden und Tagen befand ich mich in einem Feuerofen. Zum ersten Mal begriff ich, warum und in welchem Sinn die Kirche so sehr an diesem Bild von den Flammen hängt. Ich fand mich tatsächlich mit meinen Sünden wieder, sie brannten mich, während sie gleichzeitig verzehrt wurden. Dank der großen Barmherzigkeit Gottes brannte ich selbst, aber ich wurde nicht verzehrt, obwohl es doch natürlich gewesen wäre, daß ich dabei zugrunde ginge; es schien sogar unmöglich, nicht zugrunde zu gehen. Aber ein Frischehauch wurde mir in die Feuersglut gesandt: der Schutzengel, der auch den drei Jünglingen (Dan 3) erschienen war, war auch zu mir herabgestiegen; er erfrischte mich und rettete mich. ... Meine Sünde hörte auf, mich zu brennen, sie gab es nicht mehr. Mit ganzem Herzen empfand ich die Vergebung, ihre unermeßliche Leichtigkeit und Freude. Der Schutzengel, der mich nie verlassen hatte, gab mir die Freude ins Herz. ... Das Geheimnis der Vergebung jedoch wurde mir nur im Zusammenhang mit dem Geheimnis des Todes enthüllt: ich fühlte zugleich, daß mein Leben zu Ende war, daß ich im Sterben lag. Wo war nun die Todesangst? Davon war nichts zu spüren, es gab nur die Todesfreude, die Freude im Herrn. ... In diesem Augenblick ließ sich inwendig die Stimme des Gefährten vernehmen. Ich war nicht allein, ich war mit meinem alter ego, meinem Schutzengel. Er sagte mir, daß wir uns zu weit entfernt hatten, daß wir zurückkehren müßten... zum Leben. Ich begriff und empfand im Innersten, daß mich der Herr dem Leben zurückgab und daß ich gesundete. Der gleiche Ruf, der mich von dieser Welt und von dieser Existenz befreit hatte, ließ mich durch das gleiche Wort zurückkehren. Innerlich wußte ich schon, daß ich gesund wurde, obwohl ich mich noch nicht besser fühlte. Ich kehrte vom Tod zum Leben zurück, und bei mir war mein Freund, der mir Nächste, zart und still. Nicht mit meinen Augen sah ich ihn, er blieb ihnen verborgen, aber ich war mir seiner Gegenwart bewußt und ich vernahm ihn...».

Weiter wollen wir nicht vordringen. Sowohl die im engeren Sinne mystischen Erfahrungen wie auch die psychiatrisch-psychopathologische Phänomenologie bedürfen einer Zuwendung, die einen größeren Erfahrungshorizont voraussetzt und nicht in Taschenbuchformat abgehandelt werden kann.

Das Schlußwort überlassen wir einem Dichter, in dessen Werk die Engel eine bedeutende Rolle spielen. Der Russe Dmitrij Klenovskij[51] schrieb die folgenden Zeilen als Emigrant 1960 in einem deutschen Flüchtlingslager. Hier ist das Vertrauen auf den Boten Gottes, auf den persönlichen Schutzengel noch lebendig:

«So lang mein Engel seine Hand
mir zart auf meine Schulter legt,
weiß ich, es ist nicht alles Tand,
was sich auf dieser Erde regt.

Doch sein Berühren zu erkennen,
ist uns, den Menschen nicht Geschick,
nicht auszumachen, zu benennen
den wunderbaren Augenblick.

Es ist nicht Freude, auch nicht Schmerz,
man sieht nicht, hört nicht, was sich regt,
es zeigt sich nur, wenn dir das Herz
ein kleines bißchen leichter schlägt.»

Anhang

Hl. Hildegard von Bingen (1098-1179):
Sechste Vision: Die Chöre der Engel [52]

Darauf sah ich in der Erhabenheit der himmlischen
Geheimnisse zwei Chöre überirdischer Geister in grossem
Glanz erstrahlen. Im ersten Chor hatten sie Flügel an der
Brust und menschliche Antlitze, in denen sich, wie in kla-
rem Wasser, Menschengesichter spiegelten. Im zweiten
Chor hatten sie gleichfalls Flügel an der Brust und Menschenantlitze, in denen auch das Bild des Menschensohnes
wie in einem Spiegel aufleuchtete. Doch konnte ich in keinem der beiden Chöre mehr von ihrer Gestalt erkennen.
Diese Chöre aber umgaben wie ein Kranz fünf weitere
Chöre. Im ersten Chor trugen die Geister ein Menschenantlitz und funkelten von der Schulter abwärts in
hellem Glanz; im zweiten Chor zeigten sie sich von solcher
Herrlichkeit, daß ich sie nicht anzuschauen vermochte. Im
dritten erschienen sie wie weißer Marmor, hatten menschliche Häupter, über denen sich brennende Fackeln zeigten, und unterhalb der Schulter waren sie von einer eisenfarbenen Wolke umgeben. Im vierten Chor hatten sie ein
menschliches Antlitz und Menschenfüsse. Auf dem Kopf
trugen sie einen Helm und waren mit einem marmorschimmernden Gewand bekleidet. Im fünften Chor hatten
sei keine Menschengestalt und leuchteten wie Morgenrot.
Mehr konnte ich von ihrer Gestalt nicht erkennen. Doch
auch diese Chöre wurden in Kranzform von zwei weiteren
umgeben. In dem einen erschienen die Geister voller
Augen und Flügel, hatten in jedem Auge einen Spiegel, in
dem eine Menschenantlitz aufleuchtete, und erhoben ihre
Flügel gleichsam zum Emporschwingen in himmlische
Höhen. Im anderen Chor brannten sie wie Feuer und hatten viele Flügel, auf denen wie in einem Spiegel alle
Ränge der kirchlichen Stände zu erkennen waren. Doch
mehr konnte ich weder da noch dort unterscheiden. Und
all diese Chöre verkündeten mit wunderbaren Stimmen
jeder Art von Wohlklang die Wunder, die Gott in den

Seelen der Seligen wirkt, und sie verherrlichten Gott auf erhabene Weise.
Und ich hörte eine Stimme vom Himmel zu mir sprechen.

1. Daß Gott seine Schöpfung wunderbar begründet und eingerichtet hat

Der allmächtige und unaussprechliche Gott, der vor aller Zeit war, doch ohne Anfang ist und am Ende der Zeiten nicht aufhören wird zu sein, hat jedes Geschöpf wunderbar nach seinem Willen geschaffen und wunderbar nach seinem Willen ausgestattet. Wie? Er bestimmte, daß die einen der Erde verhaftet sind, die andern aber dem Himmel angehören. Er berief die seligen himmlischen Geister sowohl zum Heil der Menschen als auch zur Ehre seines Namens. Wieso? Er bestimmte nämlich die einen dazu, den Menschen in ihren Nöten zu Hilfe zu kommen, die anderen aber, den Menschen seine geheimen Urteile kundzutun.

Deshalb siehst du in der Erhabenheit der himmlischen Geheimnisse zwei Chöre überiridischer Geister in großem Glanz erstrahlen: Denn so wird es dir in dieser erhabenen Verborgenheit, die kein menschlicher Blick, sondern nur das innere Auge des Menschen durchdringt, gezeigt. Die zwei Scharen deuten an, daß Leib und Seele des Menschen Gott dienen sollen, bei dem ihnen mit allen Himmelsbürgern das Licht der ewigen Seligkeit leuchtet.

2. Vom Aussehen der Engel und seiner Bedeutung

Und die Geister im ersten Chor tragen Flügel an der Brust und menschliche Antlitze, in denen sich, wie in klarem Wasser, Menschengesichter spiegeln; das sind nämlich die Engel, die das Verlangen nach tiefer Einsicht wie Flügel ausbreiten, nicht weil sie Flügel wie Vögel besitzen, sondern aus Verlangen, Gottes Willen schnell zu vollbringen, wie auch der Mensch in seinen Gedanken schnell dahinfliegt. Und so offenbaren sie durch ihre Gesichter, in denen Gott auch die Werke der Menschen genau erkennt, an sich die Schönheit der Vernunft. Denn wie ein Knecht die Worte seines Herrn vernimmt und sie nach seinem Willen in die Tat umsetzt, so achten sie auf den Willen Gottes bei den Menschen und spiegeln für ihn ihre Werke wider.

3. Vom Aussehen der Erzengel und seiner Bedeutung

Deshalb haben sie im zweiten Chor gleichfalls Flügel an der Brust und Menschenantlitze, in denen auch das Bild des Menschensohnes wie in einem Spiegel aufleuchtet. Das sind die Erzengel; auch sie achten im Verlangen nach Einsicht auf den Willen Gottes und offenbaren an sich die Schönheit der Vernunft. Sie verherrlichen das fleischgewordene Wort Gottes auf lauterste Weise; denn in Erkenntnis der geheimen Ratschlüsse Gottes kündigten sie oft die Geheimnisse der Menschwerdung des Gottessohnes mit ihren Zeichen an.
Doch kannst du an keinem der beiden Chöre mehr von ihrer Gestalt erkennen. Denn in den Engeln und Erzengeln sind viele verborgene Geheimnisse, die der menschliche Verstand unter dem Gewicht des sterblichen Leibes nicht begreifen kann. Daß aber diese Chöre fünf weitere wie ein Kranz umgeben, bedeutet: Die fünf Sinne umfassen Leib und Seele des Menschen mit ihrer gewaltigen Stärke. Sie sollen – durch die fünf Wunden meines Sohnes gereinigt – geradewegs zum inneren Sinn der Gebote führen.

4. Vom Aussehen der Tugendkräfte und seiner Bedeutung

Deshalb tragen die Geister im ersten Chor ein Menschenantlitz und funkeln von der Schulter abwärts in hellem Glanz. Es sind die Tugendkräfte, die sich im Herzen der Gläubigen erheben und in glühender Liebe einen hohen Turm – das sind ihre Werke – in ihnen errichten. In ihrer Vernunft spiegeln sie nämlich die Werke der erwählten Menschen und in ihrer Stärke bringen sie im hellen Glanz der Seligkeit diese zu einem guten Ende. Wie?

Besitzen die Erwählten nämlich die Klarheit des inneren Sinnes, werfen sie alle Bosheit ihrer Sünden ab wegen der Erleuchtung, die sie nach meinem Willen durch diese Tugendkräfte empfangen. Tapfer kämpfen sie gegen die teuflischen Nachstellungen. Und die Kämpfe, die sie auf diese Weise gegen die satanische Horde ausfechten, stellen mir, ihrem Schöpfer, unaufhörlich diese Tugendkräfte vor Augen. Denn die Menschen tragen in ihrem Innern Kämpfe zwischen Bekenntnis und Verleugnung aus. Wie denn? Der eine bekennt mich, der andere verleugnet mich. Und es geht in diesem Kampf um die Frage: Gibt es einen Gott oder nicht? Dann ertönt auf diese Frage im Menschen die Antwort des Heiligen Geistes: Es gibt einen Gott, der dich erschaffen hat; aber er hat dich auch erlöst. Solange jedoch diese Frage und Antwort im Menschen ersteht, wird ihm die Kraft Gottes nicht fehlen, denn die Bußfertigkeit hängt von diesem Fragen und Antworten ab. Wo es aber diese Frage im Menschen nicht gibt, gibt es auch keine Antwort des Heiligen Geistes, weil dieser Mensch die Gabe Gottes verdrängt und sich, ohne nach Buße zu fragen, selbst in den Tod stürzt. Die Tugenden bringen aber diese kämpferischen Auseinandersetzungen Gott dar, denn sie sind in Gottes Augen der Beweis (sigillum), an dem sich zeigt, mit welcher Absicht Gott verehrt oder verleugnet wird.

5. Vom Aussehen der Mächte und seiner Bedeutung

Im zweiten Chor zeigen sie sich von solcher Herrlichkeit, daß du sie nicht anzuschauen vermagst. Es sind die Mächte; sie deuten an, daß die Ohnmacht sterblicher Sünder die Ruhe und Schönheit der Macht Gottes nicht angreifen noch sich mit ihr messen kann, weil Gottes Macht unvergänglich ist.

6. Vom Aussehen der Fürstentümer und seiner Bedeutung

Im dritten Chor erscheinen sie wie weißer Marmor, haben menschliche Häupter, über denen sich brennende Fackeln zeigen, und sind von der Schulter abwärts von einer eisenfarbenen Wolke umgeben. Es sind die Fürstentümer und sie stellen dar, daß die, welche in der Welt von Gott (ex dono Dei) zu Fürsten über die Menschen bestellt sind, die echte (sincera) Stärke der Gerechtigkeit anlegen sollen, damit sie nicht dem Wechsel der Unbeständigkeit verfallen, sondern auf ihr Haupt Christus, den Sohn Gottes, schauen und ihre Regierung nach seinem Willen und dem Bedürfnis der Menschen ausrichten. In glühendem Verlangen nach Wahrheit sollen sie ihre Aufmerksamkeit der über ihnen waltenden Gnade des Heiligen Geistes zuwenden, so daß sie bis zu ihrem Ende fest und beständig in der Stärke der Gerechtigkeit verharren.

7. Vom Aussehen der Herrschaften und seiner Bedeutung

Im vierten Chor haben sei ein menschliches Antlitz und Menschenfüße. Auf dem Kopf tragen sie einen Helm und sind mit einem marmorschimmernden Gewand bekleidet. Es sind die Herrschaften; sie zeigen an, daß Er, der alles beherrscht, die menschliche Vernunft, die vom irdischen (humano) Staub beschmutzt darniedergelegen hatte, vom Boden zum Himmel erhob, als er seinen Sohn auf die Erde sandte, der in seiner Aufrichtigkeit den alten Verführer niedertrat; so mögen die Gläubigen ihn, ihr Haupt, getreulich nachahmen, ihre Hoffnung auf das Himmlische setzen und sich in grossem Verlangen nach guten Werken festigen.

8. Vom Aussehen der Throne und seiner Bedeutung

Im fünften Chor haben sie keine Menschengestalt und leuchten wie Morgenrot. Es sind die Throne und sie zeigen an, daß sich die Gottheit zur Menschheit neigte, als sich der Eingeborene Gottes zum Heil der Menschen mit einem menschlichen Leib bekleidete; er kannte keine Berührung mit der menschlichen Sünde, weil er, vom Heiligen Geist empfangen, in der Morgenröte, d.h. in der seligen Jungfrau, Fleisch ohne Befleckung jeglicher Unreinheit annahm. Doch du kannst nicht mehr von ihrer Gestalt erkennen, denn es gibt viele verborgene Geheimnisse, die die menschliche Begrenztheit nicht zu erfassen vermag. Daß aber auch diese Chöre in Kranzform von zwei weiteren umgeben werden, heißt: Die Gläubigen, welche im Wissen darum, daß sie durch die fünf Wunden des Gottessohnes erlöst wurden, die fünf Sinne ihres Leibes auf das himmlische richten, gelangen mit aller Anstrengung und Besinnung (circuitio mentis) zur Gottes- und Nächstenliebe, wenn sie die sinnliche Lust ihres Herzens geringachten und ihre Hoffnung auf das innere Leben (ad interna) richten.

9. Vom Aussehen der Cherubim und seiner Bedeutung

Deshalb erscheinen in dem einen Chor die Geister voller Augen und Flügel und haben in jedem Auge einen Spiegel, in dem ein Menschenantlitz aufleuchtet, und sie erheben ihre Flügel gleichsam zum Emporschwingen in himmlische Höhen. Denn die Cherubim bezeichnen die Gotteserkenntis, in der sie die verborgenen himmlische Geheimnisse wahrnehmen und von Gott wohlgefälligem Verlangen beseelt sind (exspirant). So sehen sie durch sie in ihrer tiefen Einsicht mit reinem, durchdringendem Blick bereits jene Menschen wunderbar voraus, die den wahren Gott erkennen. Diese richten die Absicht ihres verlangenden Herzens wie Flügel empor, um sich in Güte und Gerechtigkeit zu dem aufzuschwingen, der über allen steht, und mehr das Ewige zu lieben als das Vergängliche zu erstreben. Das zeigen sie auch dadurch, daß sich ihr Verlangen erhebt.

10. Vom Aussehen der Seraphim und seiner Bedeutung

Im anderen Chor brennen sie wie Feuer und haben viele Flügel, auf denen wie in einem Spiegel alle Ränge der kirchlichen Stände zu erkennen sind. Es sind die Seraphim. Sie deuten an, daß sie selbst in Gottesliebe glühen und großes Verlangen nach seiner Anschauung haben, daß aber auch die weltlichen und geistlichen Würdenträger, die den Mysterien der Kirche ihr Ansehen verdanken (vigent), in großer Lauterkeit von diesem Verlangen beseelt sind, weil die Geheimnisse Gottes wunderbar an ihnen offenbar werden. So sollen alle, welche die Aufrichtigkeit des reinen Herzens lieben und das himmlische Leben suchen, Gott glühend lieben und ihn mit ganzer Sehnsucht umfangen, damit sie zu den Freuden jener gelangen, die sie so getreulich nachahmen. Daß du aber nicht mehr von ihrer Gestalt erkennen kannst, bedeutet, daß es viele Geheimnisse in den seligen Geistern gibt, die dem Menschen nicht kundgetan werden sollen, denn solange er der Sterblichkeit unterliegt, wird er die ewigen Dinge nicht vollkommen erkennen können.

11. *Daß alle diese Chöre mit wunderbaren Klängen die Wunder verkünden, die Gott in den Seelen der Seligen wirkt*

All diese Chöre aber verkünden, wie du hörst, mit wunderbaren Stimmen jeder Art von Wohlklang die Wunder, die Gott in den Seelen der Seligen wirkt und sie verherrlichen Gott auf wunderbare Weise. Denn die seligen Geister verkünden mit Gottes Kraft in grosser Freude mit unsagbarem Jubelklang im Himmel durch ihre Wundertaten, was Gott in seinen Heiligen tut. Sie verherrlichen Gott auf höchste Weise (gloriosissime), wenn sie ihn in den Tiefen der Heiligkeit suchen und in der Freude am Heil frohlocken, wie auch David, mein Knecht, der die himmlischen Geheimnisse schauen durfte, bezeugt und sagt.

12. *Der Psalmist darüber*

«Die Stimme des Jubels und des Glücks ertönt in den Zelten der Gerechten» (Ps 117,15). Das heißt: Den Klang der Freude und des Glücks darüber, daß das Fleisch überwunden ist und der Geist sich zum unvergänglichen Heil erhebt, vernimmt man in der Wohnung derer, die die

Ungerechtigkeit abtun und Gerechtigkeit üben. Sie könnten auf die Einflüsterung des Teufels (eingehen und) Böses tun, doch auf göttliche Eingebung vollbringen sie das Gute. Was bedeutet das? Oft zeigt der Mensch unangebrachtes Frohlocken, wenn er eine Sünde vollbracht hat, nach der es ihn unziemlicherweise gelüstete. Doch es erwächst ihm kein Heil daraus, weil er etwas tat, was dem göttlichen Gebot zuwiderläuft. Einen Freudentanz aus Seligkeit über das wahre Heil jedoch wird jener aufführen, der das Gute, nach dem er glühend verlangte, eifrig vollbringt und, solange er in diesem Leibe lebt, die Wohnung derer liebt, die den Weg der Wahrheit liefen und den Irrtum der Lüge mieden.

Wer immer Erkenntnis im Heiligen Geist und die Flügel des Glaubens besitzt, übergehe daher meine Mahnungen nicht, sondern sein Herz verkoste sie und nehme sie liebend gern entgegen. Amen.

Erik Peterson (1890-1960):
Engel und Kultus [53]

Wir haben unsere Analyse der Kapitel 4 und 5 der Geheimen Offenbarung beendet. Was ist daraus zu entnehmen? Zunächst das eine, daß es nach der Hl. Schrift einen Kult gibt, der Gott im Himmel von den Engeln und von den Seligen dargebracht wird. Dieser Kult aber steht durch die Gestalt der Presbyter in Verbindung mit der irdischen Kirche. Der Gottesdienst des himmlischen Jerusalem, den die Geheime Offenbarung schildert, ist bestimmt durch den Gesang des Sanctus, der Siegeshymnen, des Psalmgesangs (19,6), der «neuen Ode» und, wie Kapitel 19 zeigt, auch durch den Allelujah-Ruf. Der Kult im Himmel kennt endlich noch die Amen-Akklamation. Wir haben es also zweifellos mit einer Liturgie zu tun; das beweisen die zahlreich in ihr auftretenden Kultformeln. Unsere These, daß es einen Kult im Himmel gibt, an dem die irdische Kirche teilhat, wird also durch die Hl. Schrift bestätigt. Charakteristisch für diesen Kult im Himmel ist aber, daß in ihm politische und religiöse Symbolsprache durcheinander gehen, was sich am deutlichsten darin zeigt, daß sich die Doxologien den Akklamationen nähern. Daß der himmlische Kult in der Geheimen Offenbarung eine ursprüngliche Beziehung zu der politischen Sphäre hat, erklärt sich daraus, daß die Apostel das irdische Jerusalem, das politisches Zentrum und Kulturzentrum war, verlassen haben, um sich dem himmlischen Jerusalem, das Stadt und Königshof und doch auch Tempel und Kultstätte ist, zuzuwenden. Damit hängt dann das andere zusammen, daß der Hymnus der Kirche die nationalen Hymnen transzendiert, wie die Sprache der Kirche alle übrigen Sprachen transzendiert. Schließlich ist zu bemerken, daß diese eschatologische Transzendierung dann noch zur letzten Folge hat, daß auch der gesamte Kosmos in den Lobpreis mit hineingezogen wird. Dieses eschatologische Hineinziehen des Kosmos in das Gotteslob hat mit dem, wenn man so sagen darf, «natürlichen» Gotteslob der Schöpfung, das die Hymnenpoesie vieler Völker kennt (Griechen, Ägypter, Hebräer usw.) gar nichts zu tun. Es tritt hier im Christentum auf, weil der gesamte Kosmos durch die eschatologischen Vorgänge tangiert wird oder, wie es eine Variante des Dreimal-Heilig im 1. Clemensbrief ausdrückt: weil «die ganze Schöpfung der göttlichen Glorie voll ist» (1 Clem 34,6). [...]

Wir haben gesehen, daß ein viel engeres Verhältnis zwischen der Kirche und den Engeln besteht, als es die Darstellungen gewöhnlich ahnen lassen. Notwendig ist es aber vor allem, sich klarzumachen, welchen Sinn die Engel in diesen Gedankengängen eigentlich erfüllen. Wenn der hl. Johannes Chrysostomos sagt, daß die hl. Engel den bei der eucharistischen Feier gegenwärtigen Christus wie Soldaten einen König begleiten, dann wird uns klar, warum sie in der hl. Messe auftreten. Sie dienen dazu, den öffentlichen Charakter der Eucharistiefeier deutlich zu machen. Wie der Kaiser, der in Begleitung seiner Leibwächter erscheint, die Öffentlichkeit seiner politischen Herrschaft zum Ausdruck bringt, so bringt Christus, der, von der Leibwache seiner Engel begleitet, in der hl. Messe gegenwärtig ist, die Öffentlichkeit seiner religiös-politischen Herrschaft zum Ausdruck. Wenn die Engel bei dem Psalmengesang, bei der Eheschließung oder bei der Bischofswahl, bei der Absage an den Teufel in der Taufe oder bei der Einholung der Seele in die Himmelstadt zugegen sind, immer heißt das, daß Psalmengesang, Eheschließung und Bischofswahl, Taufe oder Vollendung öffentliche, kirchlich-öffentliche und nicht private Vorgänge sind. Es ist eine Öffentlichkeit, die nicht etwa «der Staat» der Kirche geliehen hat, sondern die der Kirche als solcher originär zukommt, da sie einen Herrn hat, der als ein himmlischer König auch eine himmlische «Öffentlichkeit» besitzt. Die Beziehung der Ekklesia zu der Polis im Himmel ist also, wie wir immer wiederholt haben, auch eine politische Beziehung, und aus diesem Grunde müssen die Engel immer wieder in den Kulthandlungen der Kirche auftreten.

Der hl. Johannes Chrysostomos hat in seiner Auslegung von Psalm 137,1: «vor Engeln werde ich Dir psalmieren» die Bemerkung erhalten: «wofür ein anderer Dolmetscher sagt: öffentlich, o Gott, will ich Dir singen» (P. Gr. 55 Sp. 407). In dieser Übersetzung des «vor den Engeln» mit «öffentlich» ist in der Tat, wie ich meine, das Verständnis für einen nicht kleinen Teil der Texte gegeben, die von einer Beteiligung der Engel am Kult der Kirche sprechen. Das alte Christentum kennt nicht eigentlich den Begriff der Kirche als einer juristischen Person. Die Kirche ist da, wann sie zusammentritt, sei es zu Kulthandlungen, sei es zu Konzilsbeschlüssen. Immer aber ist das Zusammentreten der Ekklesia von dem Erscheinen jener Engel begleitet, die, aus der Himmelsstadt kommend, der Kirche ihren Charakter als einer öffentlichen Grösse verleihen. Von da aus ist es dann aber auch zu begreifen, daß, wenn die griechische Kirche von dem fürbittenden Gebet der Märtyrer spricht, sich für sie sofort ein Bild aus der politischen Sphäre einstellt. Die Märtyrer sind «die Freunde» des Königs, die das Audienz-Recht haben und dem König alles sagen können. Die Wahl eines so bezeichnenden Bildes ist nicht einem Zufall zu danken, sondern ergibt sich aus der Tatsache, daß das Gebet der irdischen, wie der himmlischen Kirche «öffentliches» Gebet ist, da es das Gebet einer Polis ist, die freilich nicht auf Erden, sondern im Himmel als «Stadtgemeinde» existiert. [...]

Die Engel sind mehr als eine poetische Staffage aus dem Repertoire der Volks- und Märchenpoesie. Sie gehören zu Gott und Christus und zu dem Heiligen Geist, aber sie gehören auch zu uns. Für uns bedeuten sie eine Möglichkeit unseres Seins, eine Steigerung und Intensivierung unseres Seins – doch niemals die Möglichkeit eines neuen, eines anderen Glaubens. Sie belehren uns über dunkle Tiefen unserer Existenz, in denen es Bewegung und Bewegtheit gibt, die von uns selber vielleicht unabhängig ist, die von uns selber vielleicht niemals als solche erkannt oder gar als Bewegung auf das Engelhafte hin gesehen wird. Eine Bewegung, die vielleicht eben noch als Drang zur Reinheit des Herzens empfunden wird, die vielleicht eben noch als Leidenschaft nach Geistesklarheit und einer wahrhaftigen Existenz zum Bewußtsein kommt. Es gibt viele Wege, auf denen der Mensch zum Engel eilt, nicht, als ob er sich eigentlich vornähme, zum Engel zu werden, sondern weil das Sein, das er lebt, nur ein vorläufiges Sein ist und weil noch nicht erschienen ist, was wir sind. Und wenn wir nicht zum Engel eilen, der vor Gott steht, dann eilen wir sicherlich zu jenem Engel, der sich von Gott abgewandt hat, dann nähern wir uns dem Dämon. Denn der Mensch existiert immer nur so, daß er über sich selbst hinausgeht und sich somit dem Engel oder dem Dämon nähert. Dieser Mensch, der über sich hinausgeht, weil er nur in dem Übersichhinausgehen da ist, vermag zu steigen und zu steigen, nicht in einem moralischen, sondern in einem metaphysischen Sinne, bis er zum Genossen der Engel und Erzengel wird, bis er zu jener Grenze gelangt, an der auch Cherubim und Seraphim stehen. Dort, wo ihm Halt geboten ist von einer Grenze, die er nicht selber gezogen und die auch kein Erzengel gezogen hat, dort fängt er an, mit den Sphären zu tönen und mit den Erzengeln zu singen. Sein Gesang ist nicht einfach eine Imitation des Engelgesanges, nicht ein bescheidenes Miteinstimmen in den Ruf des «Heilig, heilig, heilig», der unaufhörlich und majestätisch von ihren Lippen tönt, sondern er ist zugleich auch etwas, das aus seinem innersten Wesen hervorbricht, wenn er an die Grenze aller Kreatur, die ja auch die Grenze seiner selbst als Kreatur ist, anlangt. In seinem Gesang mit Cherubim und Seraphim vollendet sich sein Aufstieg, vollendet sich dieses Zusichselberkommen, denn was vermag der Mensch, der bis zu den Engeln aufsteiget, anderes zu erfahren, als daß die Kreatur Gott lobt, Gott lobt noch in dem letzten der Planeten, noch in dem winzigsten aller Grashalme? Wie er einst nur da war, als er stieg und über sich selber hinausstieg und dann immer noch zu steigen vermochte, weil er immer noch nicht da war, so ist er am Ende mit den Engeln und Erzengeln nur noch als ein Gesang da, und als ein Gesang verströmt er vor Gott. Was hier sich aussingt, das ist die Kreatur, die zu ihrer Grenze gelangt, aus ihrer Kreaturhaftigkeit heraus von Gott zeugt. Was aber von der höchsten Stufe des kreatürlichen Seins gilt, das gilt ebenso von jenen letzten Stufen des Seins, die wie Pflanze, Tier oder Ding noch weit unter den dem Menschen eigentümlichen Seinsformen stehen. Wenn in den Psalmen etwa die Tiere oder Berge in den Lobpreis Gottes ausbrechen, so ist das nicht bloß eine dichterische Übertreibung, eine poetische Übersteigerung, eine aus der menschlichen Sphäre stammende «Beseelung» des Unbeseelten, die eigentlich nicht «zulässig» ist, sondern etwas, was letzthin ganz real im Wesen der

Kreatürlichkeit selber gründet, und was von dem Cherub und Seraph bis zu dem armseligsten Ding der Welt hindurchgeht, ist doch die ganze Schöpfung, wie wir aus dem Evangelium gehört und erkannt haben, der göttlichen Glorie voll. Wie seltsam, daß der Mensch in der Seinsordnung seiner metaphysischen Wurzeln die Kreatürlichkeit und Niedrigkeit seines Wesens dadurch zum Ausdruck zu bringen vermag, daß er zu steigen beginnt, dem Cherub und Seraph sich zugesellt und dann in der Vereinigung mit ihnen doch nichts anderes sagen kann, als daß er gar nichts ist und daß er nur als ein Lobgesang vor Gott da ist. Das gilt es zu verstehen, daß ein solcher Gesang, wie etwa der Sonnengesang des hl. Franz, nicht eine Entgleisung des Glaubens in das Poetische darstellt, daß er nicht seine Wurzel in irgendeiner mystischen Naturreligion hat, sondern daß der hl. Franz zu singen – fast möchte man sagen – zu tönen beginnt, weil er so tief von der Gnade Christi berührt ist. Das gilt es zu sehen, daß der Heilige darum mit Sonne und Sternen, Wasser und Tod so brüderlich zu tönen beginnt, weil die Gnade des Gekreuzigten die letzte Tiefe seiner Kreatürlichkeit geweckt hat, so daß er nicht nur als jener Sünder dasteht, dem Erbarmung widerfahren ist, sondern auch als diese armselige – dem Engel zugewandte – Kreatur, die keine andere Möglichkeit mehr hat, als im Lobpreise Gottes zu verströmen. So wird das mystische Leben der Kirche sich immer nur in innerer Verbindung mit dem Kult der Kirche entfalten können. Nur aus dem Leben der Kirche, die Gott mit den Engeln und dem gesamten Kosmos preist, kann der Lobpreis erwachsen, der im Kult, wie im mystischen Gnadenleben Kunde davon gibt, daß Himmel und Erde der Herrlichkeit Gottes voll sind, seitdem die Glorie Gottes aus dem Tempel von Jerusalem entwichen ist, um im Tempel des Leibes Jesu in jenem Jerusalem Wohnung zu nehmen, als das das «obere», unser aller Mutter geworden ist.

Die vorstehenden Ausführungen haben vielleicht gezeigt, daß es nicht willkürlich oder zufällig ist, wenn wir auf die Bedeutung der Lehre von den Engeln hingewiesen haben. Die Lehre von der hl. Kirche läßt sich von hier aus so entwickeln, daß sofort deutlich ist: die Kirche ist mehr als eine menschliche Religionsgemeinschaft, gehören ihr doch auch die Engel und Heiligen im Himmel an. Und dann, der Kultus der Kirche, unter diesem Aspekt betrachtet, ist niemals eine bloß menschliche Angelegenheit, nein, die Engel wie der gesamte Kosmos nehmen daran teil. Den Gesängen der Kirche korrespondieren himmlische Gesänge, und je nach der Art der Teilnahme am himmlischen Gesang gliedert sich auch das innere Leben der Kirche. Die Engel bringen im Kultus der Kirche zum Ausdruck, daß es ein öffentlicher Kultus ist, der Gott dargebracht wird, und weil die Engel eine Beziehung zu der religiös-politischen Welt im Himmel haben, darum bekommt auch durch sie der Kult der Kirche eine notwendige Beziehung zu der politischen Sphäre. Die Engel mit ihrem Gesange endlich gliedern nicht nur die Kirche in «Engel-Ähnliche» und in «Volk», nein, sie werden zugleich auch die Erwecker des mystischen Lebens in der Kirche, das sein Genüge erst findet, wenn der Mensch, den Chören der Engel eingegliedert, aus der Tiefe seiner Kreatürlichkeit Gott zu loben beginnt. Darum singen wir also im Te Deum:

Te Deum laudamus, te Domine confitemur,
Te, aeternum Patrem, omnis terra veneratur,
Tibi omnes Angeli, tibi Caeli et universae Potestates,
Tibi Cherubim et Seraphim incessabili voce proclamant:
Sanctus, Sanctus, Sanctus Dominus Deus Sabaoth,
Pleni sunt caeli et terra maiestatis gloriae tuae.

Romano Guardini (1885-1968):
Der Engel des Menschen[54]

Wir begehen heute das Fest der Schutzengel – von der Weise her, wie Jesus spricht (Mt 18,10), sagen wir besser und eindringlicher: der Engel der Menschen. So wollen wir in dieser Betrachtung zu verstehen suchen, was das Fest uns kund tun will. Zuerst müssen wir freilich etwas anderes zu Bewußtsein bringen: daß der heutige Mensch, auch der gläubige, zu seinem Engel keine Beziehung mehr hat. Ja, daß die Lehre von den Engeln überhaupt nicht mehr viel sagt. Daran ändert auch die Tatsache nichts, daß sie in der Dichtung und in der Kunst wieder stärker hervortreten. Das aber hat einen rein ästhetischen Charakter. Um das zu sehen, braucht man nur an seine Entsprechung auf tieferer Ebene zu denken, nämlich an das sentimentale Wesen, nein an den Unfug und die Entehrung, welche die Weihnachtsindustrie mit der Engelgestalt treibt.

An alledem tragen Verkündigung und Deutung des Glaubens selbst viel Schuld, denn welche Gestalt aus der heiligen Welt ist darin wohl tiefer verdorben worden als die Engel? Von daher kann man gut verstehen, daß einer, der es mit dem Glauben ernst meint und in Rede wie Bild saubere Haltung verlangt, von den Sentimentalitäten nichts mehr wissen will.

Aber so sind ja die Engel nicht! Nach allen Worten der Offenbarung sind sie gewaltige und herrliche Wesen, die das Herz erschüttern und Gottes Nähe zu Bewußtsein bringen. So oft in den Berichten der Schrift ein Engel erscheint, lauten seine ersten Worte: «Fürchte dich nicht!» Das heißt aber, daß er zum Fürchten ist, und selbst die Kraft geben muss, seine Gegenwart zu ertragen.

Die Engel haben im Zusammenhang der heiligen Geschichte eine große Bedeutung. Wir können hier nicht ins Genauere gehen; es würde eine eigene Betrachtung fordern. Bleiben wir also beim Mittelpunkt dieser Geschichte, dem Leben Jesu Christi.

Schon in der ersten Kundwerdung, Gottes Sohn solle Mensch werden, erscheint der Engel. Er ist es, der Maria die Botschaft bringt – ebenso wie er, Gabriel, es ist, der die Geburt des Vorläufers ankündigt (Lk 1,26-38. 11-20).

Wieder erscheinen die Engel in der Nacht, da Jesus geboren wird. Sie bringen den Hirten die Kunde und singen Gottes Lob (Lk 2,8-14). Ein Engel gibt Joseph im Traum die Weisung, das Kind vor Herodes nach Ägypten zu retten und dann, wie die Gefahr vorüber ist, es wieder zurückzubringen (Mt 2,13. 19-20). Nachdem Jesus in der Einsamkeit der Wüste vierzig Tage fastend beim Vater gewesen und nachher in der Macht des Geistes den Versucher abgewiesen hat, heißt es: «Engel kamen und dienten Ihm» (Mt 4,11). Wieder kommen Engel und «dienen Ihm» nach der furchtbaren Nachtstunde auf dem Ölberg, in welcher Er den Willen des Vaters bis in die innerste Tiefe annimmt (Lk 22,43). Wir sehen sie am Morgen der Auferstehung heiligen Dienst am Grabe tun (Mt 28,2-7). Und abermals nach den geheimniserfüllten vierzig Tagen, während derer Er immer wieder den Jüngern erschienen ist und ihnen vom Reiche Gottes Kunde gegeben hat: in der Stunde der Heimkehr zum Vater (Apg 1,10-11).

Sie sehen, wie eng die Engel in den Zusammenhang der heiligen Geschichte gehören. Man kann sie nicht herauslassen, ohne diesen Zusammenhang zu verletzen.

Auf die Frage aber, was sie bedeuten, ließe sich manches antworten. Das Entscheidende hat Jesus an heiligster Stelle gesagt, nämlich in dem Gebet, das Er die Seinen gelehrt hat. In dessen dritter Bitte sollen wir Gott angehen, Sein Wille möge auf Erden so erfüllt werden, wie es im Himmel geschehe. Die das aber tun, sind die Engel. Sie, von denen gesagt ist, daß sie «allezeit das Angesicht des Vaters schauen, der im Himmel» ist (Mt 18,10), verstehen mit liebendem Blick die Meinung des Vorsehenden, und vollbringen in reiner Bereitschaft, mit einer Herrlichkeit von Kraft und Genauigkeit Seinen Willen.

Was dieses Tun in der Enthobenheit des Himmels bedeutet, soll hier nicht weiter bedacht werden; jedenfalls sind sie im geheimen Gewebe der Heilsgeschichte am Werk, und haben so, obwohl selbst der Erlösung nicht bedürftig, an ihr Anteil.

Und nun sagt uns die Kirche, unter ihnen gebe es solche, denen Gott einen besonderen Dienst im Leben des einzelnen Menschen zugewiesen hat. Man nennt sie Schutzengel; wir wollen sie, wie gesagt, die Engel der Menschen nennen.

Worin besteht aber ihr Dienst? Was nützt der Engel in dem Menschen, mit dem ihn Gott verbunden hat? Wenn wir darüber ernsthaft nachdenken wollen, müssen wir all die rührseligen Bilder wegtun, die ihn zeigen, wie er auf einem Steg ein Kind vor dem Hinunterfallen bewahrt, oder eine Schlange abwehrt, die es anzüngelt. Wir müssen in den Kern des menschlichen Daseins gehen: den Bestand und die Unversehrtheit seiner Person.

Bei vielen Völkern findet sich eine eigentümliche Gestalt, die uns die Richtung andeuten kann, in welcher sich unsere Gedanken bewegen müssen: der Schutzgeist oder Folgegeist. Von ihm wird gesagt, jedem Menschen sei ein Wesen zugeordnet, das irgendwie seine Eigenschaften in sich trägt; das sogar in gewisser Weise er selbst ist, er noch einmal; das aber in der Form geheimnishafter Mächtigkeit. Der Mensch selbst sieht den Folgegeist nicht, denn er geht ihm immer nach, ist «hinter» ihm, im Unzugänglichen. Doch sind ihm Bestand und Gedeihen in diesem Wesen gewährleistet. Einmal aber kommt es herum und tritt entgegen: das bedeutet den Tod.

Eine Sage, gewiß; aber in ihr redet eine tiefe Ahnung. Diese erfüllt sich in der Offenbarung vom Engel, den Gott dem Menschen zum Freund und Schützer in sein Leben mitgibt.

Ein Hinweis auf ihn liegt wohl schon im neunzigsten Psalm, wo es im elften und zwölften Vers heißt:
«Er entbietet für dich Seine Engel,
daß sie dich schützen auf all deinen Wegen.
Sie tragen dich auf ihren Händen,
damit sich dein Fuß an keinem Steine stoße.»
Wir denken dabei an den Orientalen, der mit Sandalen oder gar bloßen Fußes über steinige Wege geht. Das Wort ist umso bedeutungsvoller, als es im Leben Jesu wiederkehrt; im Bericht von der Versuchung in der Wüste, wo Satan mit dem Hinweis auf diesen Schutz Jesus zum frevelhaften Wagnis seiner selbst zu verführen sucht (Mt 4,6). So spricht der Psalm von einer besonderen Sorge Gottes, mit der Er den Menschen «auf allen seinen Wegen» der Hut der Engel anvertraut.

Eine andere und nun entscheidende Stelle findet sich im Matthäus-Evangelium, wo Jesus mit großer Liebe von den Kindern spricht. Da heißt es: «Sehet zu, daß ihr nicht eines von diesen Kleinen geringschätzt, denn ich sage euch, ihre Engel in den Himmeln sehen allezeit das Antlitz meines Vaters in den Himmeln» (Mt 18,9-10). «Ihre Engel» – die Worte drücken eine enge Zusammengehörigkeit aus. Das Kind darf sagen: «mein Engel», und dieser: «mein mir anvertrautes Kind». Doch wäre es Sentimentalität, dieses Verhältnis nur auf die Kinder zu beschränken. Des Schutzes, von dem hier die Rede ist, bedürfen die Erwachsenen ebenso – ja sie vielleicht noch mehr.

Der Mensch ist ein seltsames Wesen; umso schwerer zu verstehen, je länger man sich um ihn bemüht, je länger man selbst Mensch ist. In ihm sind hohe Eigenschaften und große Kräfte, aber auch wieviel Armseliges, Scheinhaftes und Böses. Sein Tun hat unauslöschbaren Sinn, seine Entscheidung bestimmt ewiges Schicksal; zugleich ist er aber gebrechlich und schwankend zum Verzagen. Alle Elemente seines Wesens wie seines Tuns gehen ineinander; jeder Schritt des Geschehens, das ihn trifft, bildet am Ganzen seines Lebensganges mit, was alles heißt, daß er Gestalt intensivster Art ist; in allem aber wirkt eine tiefe Verwirrung. Er hat das Vorrecht, «Ich» sprechen zu können: weiß er aber, wer er ist? Steht er nicht beständig in Gefahr, sich mißzuverstehen? Er ist frei, Herr seiner selbst: hat er sich aber in der Hand? Wird er nicht beständig weggeholt, durch Dinge, die ihn begehrlich machen; durch Verwicklungen, die ihn verstricken; durch Geschehnisse, die ihn erschrecken? Und droht ihm nicht stets die Urgefahr, welcher der erste Mensch erlegen ist, statt Gottes Ebenbild «sein zu wollen wie Gott», Herr der Welt?

Und ist der Mensch, der in tausenderlei Beziehungen und Gemeinschaften lebt, immerfort redend, hörend, gebend, nehmend, ergreifend und ergriffen, gebrauchend und gebraucht – ist er nicht im Grunde allein, bis in die Einsamkeit des Sterbens?

Hier sagt uns Jesu Wort, daß Gott dem Menschen einen Gefährten mitgibt, der sein Eigenes und Eigentliches schützt: sein Wesen, das im Verhältnis zu Gott beruht; sein Ich, das nur Bestand hat in der Antwort auf Gottes währenden Anruf; seine Wahrheit, die nichts anderes bedeutet, als zu sein, wie Gott ihn will. Das ist sein Engel. Er weiß besser um uns, als wir selbst. Er weiß um unser Gott-Ebenbild – der Engel jedes Menschen um dessen besonderes Ebenbild, geschaffen durch den Anruf, mit welchem Gott ihn und ihn allein in sein Dasein gestellt hat. Um das, was sich im «neuen Namen» offenbaren soll, welchen Gott in der ewigen Begegnung dem als treu Befundenen gibt, und den «niemand weiß, als Gott, und der ihn empfängt» (Offb 2,17). Der Engel aber, so denken wir, weiß ihn, denn er ist ja für «seinen» Menschen nicht einfachhin «ein Anderer», sondern der Hüter von dessen Selbst. Ebenso wie der Engel all die Verwirrungen und Verstörungen sieht, die seinen Mensch-Freund von innen her bedrohen; sie in Unbestechlichkeit beurteilt, aber mit ihm zusammen dagegen steht, als wäre es für sich selbst.

Das alles weiß er, weil er «immer das Angesicht des Vaters schaut, der im Himmel ist». Er ist bei Gott und bei den ihm Anbefohlenen zugleich, und hier kann er sein, weil er dort ist. Denn Gott ist jedem Menschen der in Wahrheit «Nächste», stehend zwischen ihm und dem Nichts; dem guten, aus dem Er ihn einst herausgehoben, wie dem bösen, das ihn immerfort bedroht. In Gott sieht der Engel die Wahrheit des Menschen eigentlicher, als sie in diesem selbst ist; denn diese Wahrheit denkend hat Gott ihn geschaffen; ihn denkend hält Gott ihn im Sein. Im «Angesicht des Vaters» liest der Engel diese schöpferische Wahrheit; und von Seiner Liebe erleuchtet, sieht er, wie bedroht sie durch die Schwäche des Menschen ist. Darum kennt er seinen so fragwürdig-wunderbaren Mensch-Freund bis in den innersten Grund. –

Dieses, des Menschen eigenstes Wesen, schützt der Engel in den Verhüllungen, Wirrnissen, Gewaltsamkeiten des Lebens. Denn Gott hat ihn durch seinen Auftrag ins Einvernehmen der Vorsehung gezogen, und er dient ihrer Verwirklichung – der Vorsehung über diesem bestimmten Menschen, wie auch über dem Ganzen der Welt, sofern es sich in diesem Einen entscheidet und verwirklicht.

Er schützt es nicht nur gegen die Gefahr, die von außen, sondern auch gegen jene, die aus dem Menschen selbst kommt: seine Unbotmäßigkeit, seine Unredlichkeit, seine

Trägheit, sein Unmaß. Er tut es in der Stimme des Gewissens, in den Warnungen des Herzens, im Wort der Freunde, in den Folgen des Tuns, im Sinn der Geschehnisse – in alledem spricht seine Stimme mit.

Der Engel des Menschen hilft ihm, er-selbst zu sein – richtiger ausgedrückt: er-selbst zu werden. Gott hat von Sich gesagt: «Ich bin der Ich bin.» Er ist die triumphierende Personalität; vollkommen Er-selbst; Seiner ewig mächtig und sicher, der Herr einfachhin. Der Mensch hingegen ist Person von Gnaden; im Angerufensein durch Gott. Und so, daß er erst dazu heranreifen muß; durch beständige Gefahr, seine Personalität in naturhafte Verstrickung preiszugeben, oder zu unwahrer Autonomie zu verfälschen. In diesen tödlichsten aller Gefahren stellt sich der Engel zu ihm und hilft ihm, in Ehre und Demut – beides ist wesentlich und gehört zusammen – er-selbst zu werden.

Freilich: weil es sich um Wesen und Person handelt, kann diese Hilfe sich nur in Freiheit verwirklichen. Der Mensch wird in sein Eigentliches – daß er sei, als was der Gottesgedanke ihn begründet, und ebendarin er-selbst sei – nicht hineingehoben. Der Engel kann nichts tun, als in tiefer Sorge seines Freundes Freiheit anrufen; in reiner Treue bei ihm ausharren.

Der Mensch aber kann den Ruf auch überhören, ihn mißachten, ihm widerstreben, und so alle Hilfe vergeblich machen. Dann muß der Engel – wohl in einem Schmerz, der über unser Begreifen geht – im Gericht auf die Seite des Urteils treten. Denn hier geht es nicht um Märchen, sondern um Wahrheit.

Wir haben uns dem Geheimnis des Engels nur eben nähern können; aber es hat sich gezeigt, daß der Weg, wenn wir ihn weiter gingen, tief ins Geheimnis unserer Existenz führen würde.

Wir müssen uns das versagen; aber etwas anderes wollen wir tun: uns bewußt werden, daß hier die Möglichkeit einer Beziehung ist, für die wohl kein besseres Wort zur Verfügung steht, als das der Freundschaft, die sich auf das Eigenste bezieht, und die unser Schöpfer selbst uns zuweist.

Was ist denn ein Freund? Ein Mensch, der bei mir nicht sich selbst meint, sondern wirklich mich. Der mich kennt, mein Gutes und mein Schlimmes; mich aber so, wie ich bin, für wert und wichtig hält. Der mich liebt, und eben-deshalb wahr gegen mich ist. Der mein Bestes will, aber dabei meine Freiheit in Ehren hält. Auch eine Ebenbürtig-keit gehört zur rechten Freundschaft. In dieser darf kein Übergewicht sein, das abhängig macht, nicht den Einen noch den Anderen. Besteht aber ein solches auf einem Gebiet des Seins, oder Könnens, oder Habens, dann muß es auf einem anderen sein Gegengewicht finden.

Eine solche Freundschaft ist sehr kostbar, und um so selte-ner, je reiner man sie sieht. Sie mag aber noch so rein, noch so tief sein, immer stößt sie an Grenzen. Wer kann sagen, daß er den Freund ganz verstehe? Aus seinem eigentlichsten Wesen, seiner innersten Gesinnung her? Wessen Selbstlosigkeit ist so echt, daß sie den Freund lau-ter meint, ohne Nebenabsichten noch Hintergedanken? Und welche Treue ist so fest, daß sie nicht nur den Wandel der Verhältnisse, sondern auch den der Verbundenen selbst, ihrer Anschauungen, Lebenserfahrungen, inneren und innersten Zustände überdauert?

Vor allem aber: Keine Freundschaft, sie sei noch so großmütig, hebt die Tatsache auf, daß der Eine immer doch nur er-selbst und nicht der Andere ist. Daß immer eine Grenze besteht, vom Selbst gezogen. Und, daraus kommend, eine letzte Einsamkeit, die durch keine Gemeinschaft aufgehoben werden kann.

Wenn das, was wir da bedacht haben, richtig ist, dann steht es mit dem Engel – meinem Engel, muß jeder sagen – anders. Er ist groß, und ich werde mich mit ihm nicht vergleichen. Aber wir sind beide geschaffen und darin ein-ander gleich. Und Gott hat uns in einer Gemeinschaft ver-bunden, die das Letzte angeht, und für die es im Irdischen keine Entsprechung gibt. Zwischen uns besteht eine Soli-darität, unmittelbar von Gott her. In ihr geht es um mein Heil – wer aber kann sagen, was für die eigene Ewigkeit des Engels von mir abhängt?

Hier wäre eine Möglichkeit der Freundschaft, wie sie sonst nirgendwo ist. Wenn nur nicht ein so schweres Hindernis wider sie stünde, daß wir des Gedankens an unseren Engel so ganz entwöhnt sind! Daß er uns so sehr ins Ästhetische oder gar ins Kindische entglitten ist!

Hier wäre etwas zu entdecken, was wir verloren haben. Wir müßten uns zu etwas durchgraben, das verschüttet ist. Ob es sich nicht lohnen würde? Besonders wenn wir bedenken, daß es ja doch keine einseitige Bemühung wäre, denn der Engel ist ja doch da, still, gegenwärtig, unbeirrbar uns zugewendet. So würde er also doch helfen, mit leiser, liebender Kraft, die Fremde zu durchdringen. Ob dadurch nicht die Stunden der Einsamkeit einen neuen Sinn gewinnen könnten? Das Dunkel der Schwermut? Die Wand des Nicht-Verstandenseins? Alles ganz ruhig, ohne Phantastereien und Überspanntheiten, einzig vertrauend auf Jesu Wort – und, durch dieses Wort erhellt, auf die tiefe Ahnung des Menschengeschlechts, daß wir mit unserem Selbst, dem zerbrechlichen und fragwürdigen, das aber doch eben das unsere, für jeden von uns eine und einzige ist, nicht allein im Dasein stehen, wie es mit unseren menschlichen Beziehungen auch immer bestellt sein möge.

LITERATURHINWEISE

(Dieses Verzeichnis neuerer Veröffentlichungen zum Thema «Engel»
enthält neben den dominierenden theologischen Arbeiten auch musisch-
beschauliche Anthologien und Schriften aus dem Bereich der Anthroposophie, des Spiritismus und des NewAge. Die Unterscheidung der
Geister ist Sache des Lesers, wie auch der biblische Rat, alles zu prüfen
und das Gute zu behalten.)

Adler, Gerhard: Erinnerung an die Engel. Wiederentdeckte
Erfahrungen. Freiburg 1986 (Herderbücherei 1245)

Bandini, Pietro: Die Rückkehr der Engel. Von Schutzengeln, himmlischen Boten und der guten Kraft, die sie uns bringen. München 1995

Barth, Karl: Die Lehre von der Schöpfung. Dogmatik III, 3. Zürich 1950

Bayer, Annegret: Engel. Freiburg 1987

Becker OSB, Renate: Im Angesicht der Engel will ich Dir lobsingen.
Zur Bilderwelt in der Krypta von Marienberg. Innsbruck 1994

Ben-Chorin, Schalom: Der Engel mit der Fahne. Geschichten aus Israel.
München 1989

Benning, Alfons: Zeugen der Nähe Gottes. Ein Buch über die Engel.
Mit Bildern von P. Karl Stadler OSB. Löningen 1987

Betz, Otto: "Morgenrötliche Grate aller Erschaffung". Rilkes Engel.
In: Internationale Communio, Jhg. 26, 1997, Heft 4, Seite 368-380

Bitterlich, Hansjörg: Sie schaute die Engel. Mutter Gabriele Bitterlich
1896–1978. Leben und Auftrag. CH-9403 Goldach 1990

Blasko, Georg: Die angelologischen Aussagen des Zweiten
Vatikanischen Konzils. Karlsruhe 1967

Boberski, Heiner: Das Engelwerk. Ein Geheimbund in der katholischen
Kirche? Salzburg 1990

Boulgakov, Serge [= Sergej Bulgakov]: L'Échelle de Jacob. Des Anges.
Lausanne 1987

Buber, Martin: Geschichten von Engeln, Geistern und Dämonen.
Gerlingen 1994

Bungert, Alfons / Pabst, Rose: Engel – Botschafter des Ewigen.
Würzburg 1984

Burnham, Sophy: Engel. Erfahrungen und Reflexionen. Freiburg 1992

Burnham, Sophy: Die Nähe deiner Engel. Erfahrungsberichte. Aus dem
Amerikanischen von Marta Jacober. Freiburg 1993

Cacciari, Massimo: Der notwendige Engel. Klagenfurt 1987

Daniélou, Jean: Die Sendung der Engel. Salzburg 1963

Davidson, Gustav: A Dictionary of Angels, including the Fallen Angels.
New York 1967

Des Heiligen Dionysius Areopagita Schriften über die beiden

Hierarchien. Kempten 1911

Domay, Erhard: Dein heiliger Engel sei mit mir. Gedanken und Bilder von den Wegen Gottes in unserer Welt. Lahr 1991

Dieckmann, Dorothea: Wie Engel erscheinen. Hamburg 1994

Fröhlich, Anne Marie: Engel. Texte der Weltliteratur. Zürich 1991

Gaebelein, A. C.: Die Welt der Engel. Dillenburg 1986

Gaisbauer, Hubert: Unsichtbar durch unsere Stadt. Den Engeln auf der Spur. Wien 1986

Giovetti, Paola: Engel – die unsichtbaren Helfer der Menschen. Genf und München 1996

Godwin, Malcolm: Engel. Eine bedrohte Art. Frankfurt 1991

Gordan, Paulus: Boten Gottes, Neun Bildbetrachtungen. Beuron o. J.

Graham, Billy: Engel – Gottes Geheimagenten. Neuhausen-St. 1976

Gross, Heinrich: Der Engel im Alten Testament. In: Archiv für Liturgiewissenschaft, VI/I 1959, S. 28–42

Gstrein, Heinz: «Engelwerk» oder Teufelsmacht. Hintergründe über eine Grauzone kirchlicher Aktivitäten: Neues Heil oder innerkirchliche Sekte. Mattersburg-Katzelsdorf 1990

Guardini, Romano: Der Engel in Dantes Göttlicher Komödie. Leipzig 1937

Guardini, Romano: Rainer Maria Rilkes Deutung des Daseins. Eine Interpretation der Duineser Elegien. München 1953

Guardini, Romano: Engel. Theologische Betrachtungen. Mainz 1995

Guillet, Arnold: Novene zu den heiligen Engeln, Stein am Rhein 1995

Guillet, Arnold: Ich sende meinen Engel. Gebete zu den hl. Engeln und Exorzismus. CH-Stein am Rhein 1991

Hark, Helmut: Mit den Engeln gehen. Die Botschaft unserer spirituellen Begleiter. München 1993

Hauck, Rex: Engel - die unsichtbaren Boten. Berichte und Interviews über Begegnungen der seelischen Art. München 1995

Hausmann, Irmgard (Hrsg.): Die Vertraute der Engel. Leben der Mystikerin Mechthild Thaller-Schönwerth (1868–1919). Band 1, Jestetten 3. Aufl. 1992, Band 2, ebd. 1984

Heiser, Lothar: Die Engel im Glauben der Orthodoxie. Trier 1976

Heyder OCD, P. Gebhard: Das Wirken der Engel im Licht des biblischen Engelbuches. Ulm-Gögglingen 1990

Hierzenberger, Gottfried: Die Boten Gottes – Helfer der Menschheit, biblisch gesehen. Innsbruck und Wien 1990

Holböck, Ferdinand: Vereint mit den Engeln und Heiligen. Heilige, die besondere Beziehungen zu den Engeln hatten. CH-Stein am Rhein, 2. Aufl. 1987

Huber, Georges: Mein Engel wird vor dir herziehen. CH-Stein am Rhein, 4. Aufl. 1985

Johannes Paul II. Die Engel. Sechs Papst-Katechesen. CH-Stein am Rhein 1988

Kirven, Robert H.: Deine Engel. Wer sind sie, was tun sie? Zürich 1996

Klauser, Theodor: Engel X (in der Kunst). In: Reallexikon für Antike und Christentum, Band V, Sp. 258–322

Klünker, Wolf-Ulrich: Johannes Scotus Eriugena. Denken im Gespräch mit dem Engel. Stuttgart 1989

Köberle, Adolf: Der Mensch zwischen Engel und Dämon. In: ders.: Biblischer Realismus. Wuppertal 1972, S. 5–19

Kongregation für die Glaubenslehre in Rom: Christlicher Glaube und Dämonenlehre. CH-Stein am Rhein, 2. Aufl. 1984

Kraft, Heike (Hrsg.): Alle meine Engel. Unheilige und heilige Geschichten über die himmlischen Heerscharen. Hamburg und Zürich 1992

Krause-Zimmer, Hella: Warum haben Engel Flügel? Der Engel als Bild und Begegnung. Stuttgart 1993

Kuhn, Johannes (Hrsg.): Der Engel leuchtende Spuren. Ein Lesebuch für stille Stunden. Stuttgart 1991

Läufer, Erich: Botengänger Gottes. Eine Freundschaftserklärung an die Engel. Kevelaer 1994

Leuenberger, Hans-Dieter: Engelmächte. Vom praktischen Umgang mit kosmischen Kräften. Freiburg 1991

Lindholm, Dan: Vom Engel berührt. Schicksalsbegebenheiten. Stuttgart 1989

Lüthold-Minder, Ida: Von Gott geführt, Mutter Gabriele Bitterlich. CH-9403 Goldach 1992

Mallasz, Gitta: Die Antwort der Engel. Ein Dokument aus Ungarn. Zürich 1981

Mallasz, Gitta: Die Engel erlebt. Zürich 1983

Mann, Ulrich: Ikone und Engel als Gestalten geistleiblicher Mittlerschaft. In: Eranos-Jahrbuch LII, Frankfurt 1983, S. 1-53

Mann, Ulrich / Sebaß, Horst / Grözinger, Karl Erich / Böcher, Otto / Tavard, Georges / Schwebel, Horst: Engel I–VII. In: Theologische Realenzyklopädie [TRE], S. 580–615

Meyer, Charles: Die lehramtlichen Verlautbarungen über Engel und Teufel. In: Concilium, 11. Jhg. 1975, S. 184–188

Michl, Johann: Engel I–IX. In: Reallexikon für Antike und Christentum, Band V, Sp. 53–258

Moolenburgh, H. C.: Engel als Beschützer der Menschheit. Freiburg 1985

Moolenburgh, H. C.: Engel - Helfer auf leisen Sohlen. Freiburg 1992

Nigg, Walter / Gröning, Karl: Bleibt, ihr Engel, bleibt bei mir. Berlin 1985, Neuauflage 1990

Noack, Thomas: Die Engel bei Swedenborg und Lorber. In: Offene Tore, 1/92, S. 18–37

Ohlbaum, Isolde: Aus Licht und Schatten. Engelbilder. München 1994

Peterson, Erik: Das Buch von den Engeln. Stellung und Bedeutung der heiligen Engel im Kultus. Leipzig 1935

Pseudo-Dionysius Areopagita: Über die himmlische Hierarchie. Über die kirchliche Hierarchie. Eingeleitet, übersetzt von Günter Heil. Stuttgart 1986. Bibliothek der griechischen Literatur, Band 22

Rahner, Hugo: Griechische Mythen in christlicher Deutung. Mit einer Einleitung von Alfons Rosenberg. Neuauflage, Basel 1984

Rahner, Karl: Über Engel. In: Schriften zur Theologie XIII. Zürich 1978, S. 381–428

Recheis, Athanas: Die Engel sind mächtige Geister. Linz 1988

Rodewyk, Adolf: Sie stehen ganz im Licht. Von den heiligen Engeln. CH-Stein am Rhein, 4. Aufl. 1995

Rosenberg, Alfons: Begegnung mit Engeln. München-Planegg 1956

Rosenberg, Alfons: Michael und der Drache. Urgestalten von Licht und Finsternis. Olten und Freiburg 1956

Rosenberg, Alfons: Engel und Dämonen. Gestaltwandel eines Urbildes. Mit einem Vorwort von Otto Betz. 2. Aufl. München 1986

Röttger, Hermann: Mal'ak Jahwe – Bote von Gott. Die Vorstellung von Gottes Boten im hebräischen Alten Testament. Frankfurt 1978

Schelkle, Karl Hermann: Die Chöre der Engel. Ostfildern.

Schipperges, Heinrich: Die Welt der Engel bei Hildegard von Bingen. Freiburg 1995

Schlier, Heinrich: Besinnung auf das Neue Testament. Exegetische Aufsätze und Vorträge II. Freiburg 1963 (bes. S.146–159, S.160–175)

Schlier, Heinrich: Mächte und Gewalten im Neuen Testament. Freiburg 1958, 3. Aufl. 1963 (Quaestiones disputatae 3)

Schlink, M. Basilea: Reiche der Engel und Dämonen. Darmstadt 1972

Schmidt, Heinrich: Die vergessene Bildersprache christlicher Kunst. Zum Verständnis der Tier-, Engel- und Mariensymbolik. München 1981

Schroeder, Hans-Werner: Mensch und Engel. Die Wirklichkeit der Hierarchien. Frankfurt 1982 (Perspektiven der Anthroposophie)

Seemann, Michael / Zähringer, Damasus: Die Welt der Engel und Dämonen als heilsgeschichtliche Mit- und Umwelt des Menschen. In: Mysterium Salutis II. Einsiedeln 1967, S. 943–1019

Serres, Michel: Die Legende der Engel. Frankfurt 1995

Siegen, Joh.: Der Erzengel Michael. CH-Stein am Rhein, 4. Aufl. 1996

Snell, Joé: Der Dienst der Engel diesseits und jenseits. Erlebnisse einer Krankenschwester. Bietigheim, 5. Aufl. 1985

Sparn, Walter: Wenn Engel, dann solche. In: Materialdienst 12. 1995

Stangl, Marie-Luise: Engel. Das Licht in uns. Düsseldorf 1996

Steiner, Rudolf: Vom Wirken der Engel und anderer hierarchischer Wesenheiten. Stuttgart 1991 (Themen aus dem Gesamtwerk, 17)

Steinwede, Dietrich: Er sendet seine Engel vor dir her. Geschichten und Bilder von den Boten Gottes. Düsseldorf 1994

Ströter-Bender, Jutta: Engel. Ihre Stimme, ihr Duft, ihr Gewand und ihr Tanz. Stuttgart 1988

Tavard, Georges (unter Mitarbeit von André Caquot): Die Engel. Freiburg 1968 (Handbuch der Dogmengeschichte, Band II, Faszikel 2b)

Tetzlaff, Ingeborg: Romanische Engelgestalten in Frankreich. Köln 1987

Thomas von Aquin: Summa Contra Gentiles [91–101.].Zürich 1945

Thomas von Aquin: Summa Theologica [quaestiones 50–64] (4. Band der Deutschen Thomas-Ausgabe). Salzburg 1936

Thomas von Aquin: Summa Theologica [quaestiones 106–114] (8. Band der Deutschen Thomas-Ausgabe). Heidelberg 1951

Thomas von Aquin: Vom Wesen der Engel. De substantiis separatis seu de angelorum natura. Übersetzung, Einführung und Erläuterungen von Wolf-Ulrich Klünker. Stuttgart 1989

Thurmair-Mumelter, Maria Luise: Boten des Lichts. München 1987

von Brauchitsch, Victor: Engel. Fotografien und Textauswahl. Kiel 1990

von Lama, Friedrich: Ein Büchlein von den Engeln. Mitteilungen v. Ancilla Domini. CH-8260 Stein am Rhein 1984

Vorgrimler, Herbert: Wiederkehr der Engel? Kevelaer 1991

Weigl, A. M.: Sie sahen ihren Schutzengel. Altötting, 5. Aufl. 1985

Westermann, Claus: Gottes Engel brauchen keine Flügel. Stuttgart 1978, 2. Aufl. 1980

Wetzel, Christoph (Redaktion): Engel dargestellt in Bildern aus der Biblioteca Apostolica Vaticana, Stuttgart und Zürich 1996

Willenborg, Paul: Engel. Von wunderbaren Mächten. Hamburg 1995

Wilson, Peter Lamborn: Engel. Stuttgart 1981

Wittschier, Sturmius M.: Mein Engel halte mich wach. Das Engelbild in der zeitgenössischen Literatur. Würzburg 1988

Wolff, Uwe: Breit aus die Flügel beide. Von den Engeln des Lebens. Freiburg 1993

Wolff, Uwe (Hrsg.): Das große Buch der Engel. Freiburg 1994

Wolff, Uwe: Der gefallene Engel. Von den Dämonen des Lebens. Freiburg 1995

Zilligen, Palmatius: Mit den Engeln durchs Leben. Ulm-Gögglingen, 6. Auflage

Zilligen, Palmatius: Im Strahlenfeld des Engels. Ulm-Gögglingen 1993

Zilligen, Palmatius: Der Engel am Abend des Lebens und am Ende der Welt. Ulm-Gögglingen

ZITATNACHWEISE

(bei Kurzangaben siehe Literaturhinweise)

1) Rainer Maria Rilke: Duineser
   Elegien. Frankfurt 1947.
2) Pascal, Pensées, Nr. 328 [418].
3) ebd., Nr. 329 [358].
4) s. Tavard, 1f.
5) Ilias I, 188–214.
6) Ilias II, 20–27.
7) Odyssee V, 28–57.
8) Hans Urs von Balthasar: Herrlichkeit.
   Einsiedeln 1965.
9) Graham, 73f.
10) Voltaire: Dictionaire Philos.
11) Johann Peter Hebel: Werke III.
12) Carl August Hase: Gnosis.
    Leipzig 1869, 488.
13) Bultmann, 17f.
14) Neues Handbuch Theol. Grundbegriffe.
    München 1984.
15) Nigg, 7.
16) Köberle, 5f.
17) s. Rahner, Hugo, XIf.
18) Texte, 254f.
19) Texte, 251f.
20) Texte, 247f., 250.
21) Texte, 250f.
22) Tavard, 47f.
23) Barth, 450.
24) Tavard, 39.
25) Texte, 241f.
26) Dante Alighieri: Die Göttliche Komödie.
    Freiburg 1956.
28) Tavard, 75.
29) Barth, 450.
30) ebd., 435.
31) ebd., 622f.
32) Westermann, 18.
33) Mann, TRE, 611.
34) ebd., 612.
35) ebd., 612.
36) Glaubensverkündigung für Erwachsene, 534.
37) Ergänzung zur Glaubensverkündigung für Erwachsene, 17.
38) Rahner, Karl, 388ff.
39) ebd., 428.
40) Kath. Erwachsenen-Katechismus, 109f.
41) Johannes Paul II.

42) J. H. Newman: Gebetbuch.
43) Dietrich Bonhoeffer: Von guten Mächten. München 1976.
44) Rosenberg, 1986, 277.
45) Guardini, 1937, 33.
46) Marc Chagall: Mein Leben.
47) Reinbek 1983, S. 28f.
48) Köln 1976, 304.
49) Olten 1984, 174ff.
50) Boulgakov, 24f.
51) Dmitrij Klenovskij: Uchodjaschtschie parusa. München 1962.
52) Hl. Hildegard von Bingen: Scivias – Wisse die Wege. Augsburg 1991
53) Erik Peterson: Das Buch von den Engeln. Leipzig 1935.
54) Romano Guardini: Wahrheit und Ordnung. Abdrucksgenehmigung
    durch die Katholische Akademie in Bayern, München.

«Von guten Mächten wunderbar geborgen
erwarten wir getrost, was kommen mag.
Gott ist mit uns am Abend und am Morgen
und ganz gewiss an jedem neuen Tag.»

Dietrich Bonhoeffer (1906–1945)
Ev. Theologe, hingerichtet im KZ.

Bildlegenden und Fotonachweise

Erste Umschlagseite: Engel der Großstadt, Öl auf Leinenkarton, von Inge Brück, *Künstler für Christus,* Auf'm Heiligenhäuschen 14, D-51570 Windeck

Seite 2: Ein Engel des Herrn warnt die Heiligen Drei Könige vor Herodes und zeigt ihnen einen anderen Heimweg. Kapitell von Gislebertus, Autin, Frankreich, anno 1130. Foto: Lauros-Giraudon, Paris.
Seite 5: Engel an der Kirchendecke von Däbrä Bärbari (Äthiopien).
Seite 6: Das Opfer Abrahams (Gen 22,11). Archivbild
Seite 9: Ein Engel richtet Daniel auf und spricht zu ihm. «Die Vision Daniels», Rembrandt van Rijn, um 1650. Staatliche Museen Preussischer Kulturbesitz, Berlin.
Seite 17: Die drei Jünglinge im Feuerofen. Mosaik, Kloster Hosios Lukas, Griechenland.
Seite 18: Verkündigung. M. Schongauer, Musée d'Unterlinden, Colmar.
Seite 20: Peter Spring (1600), Maria Himmelfahrt, Regina Angelorum, Augustinerkirche, Freiburg, Schweiz.
Seite 28: Sandro Botticelli (1444-1510), Ausschnitt «Engel» aus dem Magnificat der hl. Jungfrau Maria, Uffizien, Florenz.
Seite 32: Fliegender Engel mit Lichtschale, Mosaik auf Grabmal von Hans Dinnendahl, Wesel/Niederrhein, um 1930.
Seite 35: Erzengel Gabriel, Verkündigung des Herrn. Altargemälde, Simone Martini, Uffizien, Florenz. Foto: Artothek, Planegg.
Seite 36: Die ‹Flucht nach Ägypten›. Giotto, 1305, Ausschnitt aus der Freskenfolge in der Arenakapelle Padua. Foto: Giraudon, Paris.
Seite 47: Apokalytischer Engel, Brit. Museum Roy. MS 19 B XV, London.
Seite 53: Erzengel aus der Apsis. St.Georg, Kurbinovo, 1191, Jugoslawien.
Seite 54: Engel mit Gnadenschale. Fresko um 1150, Münster Frauenchiemsee. Foto: Bayer. Verwaltung der staatlichen Schlösser und Gärten.
Seite 56: Veit Stoss, Engel. Weihnachtsbriefmarke der Deutschen Bundespost 1989.
Seite 71: Engel geleitet den hl. Dionysius in das Paradies. Engel am linken Westportal vom sog. «Josephsmeister» um 1250, Kathedrale von Notre-Dame, Reims. Foto: M. Egger.
Seite 72: Engel-Krypta, Kloster Marienberg, Vinschgau, Südtirol (1160). Foto: Walder.
Seite 81: Der Engel, Bamberger Dom. Foto: Traute Lehmann, Bamberg.
Seite 89: Engel am leeren Grab. Westfälisches Altarbild um 1200, Museum Berlin-Dahlem. Foto: Bildarchiv Preussischer Kulturbesitz, Berlin.
Seite 90: Ein Engel befreit den hl. Petrus aus dem Gefängnis. Chapelle Saint-Pierre de Villefranche-Sur-Mer, décorée par Jean-Cocteau.
Seite 96: Drei Engel besuchen Abraham und verheissen ihm einen Sohn. Buchmalerei, Psalter Ingeborg von Dänemark, um 1210.
Seite 107: Erzengel Michael. Goldschmiedearbeit aus Konstantinopel, 11. Jahrhundert.
Seite 108: Erzengel Michael. Henny Jungblut, Studienhaus Rüspe, Kirchhundern.

Seite 116: Hl. Franziska Romana (1384–1440). Fresko von Antoniazzo Romano (1434–1508), Kloster Tor de Specchi, Rom. Die hl. Franziska Romana pflegte einen vertrauten Verkehr mit ihrem Schutzengel (vgl. F. Holböck, Vereint mit den Engeln und Heiligen, Seite 302).

Seite 123: Ein Engel Gottes tröstet die Hagar in der Wüste und fordert sie auf, ihren Sohn Ismael nicht sterben zu lassen (Gen 21,17–20).

Seite 125: Ausschnitt aus den Fresken der Engel-Krypta im Kloster Marienberg, Vinschgau, Südtirol, lange Zeit verschüttet.

Seite 126: Anbetender Engel mit Rauchfaß. Farbfenster, Stephansdom Wien (um 1340). Foto: Erzbischöfliches Diözesanmuseum Wien.

Seite 133: Gottvater wird von Engeln getragen und seine Rechte hält Engel umschlungen. Deckenfresko von Michelangelo. Rom, Sixtina.

Seite 139: Martin Schongauer, Engel. Weihnachtsbriefmarke der Deutschen Bundespost 1991.

Seite 143: Engel mit Posaune im Straßburger Münster (Gerichtspfeiler), «Ecclesia-Meister» um 1230. Foto: Emil Spath.

Seite 144: Zwei Posaunenengel verkünden das Weltgericht. Fresko in der romanischen Kirche San Pablo in Caseras/Spanien, Anfang 13. Jh. Foto: Zodiaque, Saint-Léger, Vauban.

Seite 149: Maria mit Kind und Engel. Unbekannter Meister. Archivbild.

Seite 156: Erzengel Gabriel mit den goldenen Haaren, Rußland, 2. Hälfte 12.Jh. Ivanov Nr. 5.

Seite 157: St.Gabriel, Schutzpatron der Philatelie. Österr. Briefmarke.

Vierte U.: Ein Engel befreit den hl. Petrus aus dem Gefängnis. Bartolomé Esteban Murillo, Ermitage-Museum, St. Petersburg. Foto: Aurora-Kunstverlag, St. Petersburg.

Vierte Umschlagseite: Der Patriarch Jakob kämpft mit dem Engel. Ikone im Kreml zu Moskau. Aus THE ART TREASURES OF THE MOSCOW KREMLIN: Foto: William Mendeleyev.

DR. GEORGES HUBER

Mein Engel wird vor dir herziehen

4. Auflage: 40. Tsd., 221 Seiten, DM 13.50, Fr. 12.–

Heute, wo die Diskussion über die Engel (die guten und die gefallenen) zu einem Explosivstoff in der Kirche geworden ist, erscheint ein Werk über dieses heikle Thema, das durch seine gründliche Befragung der Heiligen Schrift, der Tradition, der lehramtlichen Äusserungen und durch seine souveräne Stoffbeherrschung eine objektive Bestandesaufnahme bietet. Das Buch enthält eine glänzende Einführung von Kardinal Journet.

P. ADOLF RODEWYK S.J.

Sie stehen ganz im Licht

4. Auflage: 45. Tsd., 64 Seiten, DM 4.–, Fr. 3.80

Die Welt der Engel ist von faszinierender Schönheit und Größe, die die Weisheit und Allmacht Gottes in neuen Dimensionen aufleuchten lässt. Die Schrift von P. Rodewyk bringt eine erste, kurze Einführung.

JOHANN SIEGEN

Der Erzengel Michael

4. Auflage, 18. Tsd., 112 Seiten, 16 Bilder, DM 16.80.–, Fr. 15.–

Johann Siegen, der Prior vom Lötschental im Wallis, hat uns ein herrliches Buch über den Erzengel Michael geschenkt; er hat es meisterhaft verstanden, uns den Erzengel Michael in diesem Buch aus den Quellen der Heiligen Schrift, der Tradition und der Kunst lebendig vor Augen zu führen und uns als Freund und Mitkämpfer vorzustellen. Michael war der Bundesengel des Auserwählten Volkes, er ist auch der Bundesengel der Kirche Jesu Christi.

ARNOLD GUILLET

Ich sende meinen Engel

4. Auflage: 60. Tsd., 32 Seiten, DM/Fr. 2.–

Die schönsten Gebete zu den heiligen Engeln mit dem berühmten «Sturmgebet zu den heiligen Engeln»

CHRISTIANA-VERLAG CH-8260 STEIN AM RHEIN

DR. LISL GUTWENGER (Hrsg.)

«Treibt Dämonen aus!»
Vom Wirken evangelischer und katholischer Exorzisten
259 Seiten, 22 Fotos, DM 26.80, Fr. 24.–

Besessenheit ist der sichtbare Extremfall dämonischer Wirksamkeit, dem zu begegnen Christus seinen Jüngern Vollmacht und Auftrag gab: «Treibt Dämonen aus!» (Mt 10,8). In den hier vorgelegten authentischen Berichten kommen – fern aller Sensationshascherei – vier Exorzisten zu Wort, die tiefen Einblick in das Wesen der Besessenheit und ihre Sinnhaftigkeit geben. Das hochaktuelle Buch rüttelt auf, erschüttert, mahnt und tröstet auch wieder – weil Christus auch Herr der Dämonen ist.

PROF. DDR. GEORG SIEGMUND

Von Wemding nach Klingenberg
Vier weltberühmte Fälle von Teufelsaustreibungen
Auflage: 20 000 Ex., 176 Seiten, 27 Fotos, DM 19.–, Fr. 17.–

Vorwort von Bischof Dr. Rudolf Graber.

EGON VON PETERSDORFF

Dämonologie
Band I: Dämonen im Weltenplan
Band II: Dämonen am Werk
Beide Bände total 1016 Seiten, 65 Fotos, DM 84.–, Fr. 74.–

«Ein Standardwerk im wahrsten Sinn des Wortes, eine umfassende Monographie über die Dämonen, die eine wirklich vorhandene Lücke in der theologischen Literatur schließen möchte, durchaus nicht trocken und langweilig, sondern spannend und aufregend» (Prof. Franz Lakner S.J.).

KONGREGATION FÜR DIE GLAUBENSLEHRE

«Christlicher Glaube und Dämonenlehre»
64 Seiten, DM/Fr. 3.–

Die offizielle Lehre der Kirche über den Teufel mit neuesten Stellungnahmen.

CHRISTIANA-VERLAG CH-8260 STEIN AM RHEIN